컨버터블 리더십

컨버터블 리더십

적응하고, 성장하고, 진화하라

이찬·김재은 지음

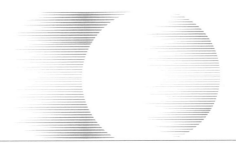

CONVERTIBLE
LEADERSHIP

쌤앤파커스

나는 AI 시대의 리더로
변화할 준비가 되어 있는가?
—

"팀장님, 이렇게 가면 우리 회사 진짜 무너질 수도 있어요."

회의실의 공기가 얼어붙었습니다. 15년 차 팀장 박정우의 얼굴이 순간 붉어졌습니다. 누구도 이런 말을 듣고 싶지 않지만, 신입사원 김지민의 한마디는 무거운 진실을 담고 있었습니다. AI 시대가 몰고 온 변화의 폭풍 앞에서, 그들의 회사는 살아남을 준비가 되어 있지 않았습니다. 그의 머릿속에는 여러 생각이 스쳐 지나갔습니다.

'저렇게 말하는 게 예의인가?'

'그런데 맞는 말이긴 해.'

'내가 바뀌어야 하나, 아니면 조직이 문제인가?'

'근데 어떻게? 위에선 실적 압박, 아래에선 변화 요구…. 난 대체

어디에 서 있는 거지?'

이제 조직 내에서 시니어 그룹과 주니어 그룹 간의 세대 차이가 눈에 띄게 드러납니다. 이것이 업무 방식과 가치관의 충돌로 이어질 때, 조직 전체의 소통은 동맥경화처럼 막혀버립니다. 특히 중간관리자들은 이 첨예한 갈등을 가장 가까이에서 경험합니다. 위로는 경영진과, 아래로는 실무진과 소통하며 양쪽의 압력 속에서 업무를 조율해야 하기 때문입니다. 그래서 세대 간 장벽을 허무는 데에 중간관리자의 역할이 핵심적입니다. 양방향 소통의 교량 역할을 하며, 조직 내 정보의 원활한 흐름을 만들어낼 수 있는 위치에 있기 때문입니다.

비즈니스 환경의 변화에 사람들은 대체로 세 가지 방식으로 반응합니다. 외면하거나, 따라가거나, 이끌거나. 이는 '누가 더 똑똑한가'보다 '누가 더 유연한가'를 가르는 시험대입니다. 다음 유형들을 읽으면서 나는 어디에 속하는지 생각해보세요.

첫 번째 유형: 불평자

이들은 차가 막힐 때 도로와 다른 차만 탓하는 사람들과 같습니다. "요즘 MZ세대는 일할 줄을 모른다", "회사 정책이 현실적이지 않다", "AI가 다 망쳐놨다"며 환경과 타인을 비난하는 데에만 열중합니다. 큰 그림을 보지 못하고, 자신이 어디에 있는지 파악하지 못합니다. 이들에게 변화는 두려움과 불만의 대상일 뿐입니다. 정작 자신의 리더십 유형이 지금 시대에 맞지 않다는 사실을 인식하지 못하고 있습니다.

P 부장: 3년 전만 해도 직원들이 말을 잘 따랐는데, 요즘 애들은 왜 이렇게 말을 안 듣는지 모르겠어요. 회사 분위기가 완전히 엉망이에요.

두 번째 유형: 적응자

이들은 변화를 인정하고 자신이 어떻게 맞춰가야 할지 고민합니다. "AI를 어떻게 활용할까?", "젊은 세대와 소통하는 방법은?", "하이브리드 근무 형태에 익숙해지기 위해서는 어떻게 해야 할까?" 적응자들은 주어진 환경 안에서 최선의 선택을 하려고 노력합니다. 현실적이고 실용적이지만, 때로는 더 큰 가능성을 놓치기도 합니다. 변화를 받아들였지만, 여전히 '적응'이라는 수동적인 태도에 머물러 있습니다.

L 팀장: 디지털 전환은 피할 수 없는 흐름이라고 생각해요. 저도 온라인 강의로 디지털 툴을 배우고 있어요. 그래야 최소한 뒤처지지는 않을 것 같아서요.

세 번째 유형: 혁신가

이들은 변화를 기회로 삼아 자신만의 여정을 설계합니다. 단순히 '어디로 가야 하는가'를 넘어서 '어디로 가고 싶은가'를 고민합니다. 그리고 그 여정을 최고의 경험으로 만들기 위한 요소들을 세심하게 준비합니다. 변화의 물결 속에서도 자기주도권을 놓치지 않고, 오히려 그 파도 위에 올라타 더 멀리, 더 즐겁게 나아갑니다.

A 대표: 코로나 이후 재택근무가 일상화되면서 사무실을 전면 리모델링했어요. 업무 공간을 넘어서 팀워크와 창의성을 높이는 협업 센터로요. 직원들이 매일 출근하지는 않지만 출근하고 싶어 하는 공간이 되었습니다. 위기가 우리에게 새로운 가능성을 열어준 거죠.

당신은 불평자와 적응자, 혁신가 중에서 어떤 유형에 속합니까? 그리고 어떤 리더가 되고 싶은가요? 변화의 파도에 휩쓸리는 리더, 변화에 적응하는 리더, 아니면 변화를 이끄는 리더?

이 책은 리더십의 여정을 걷고 있는 우리 모두를 위해 쓰였습니다. 열정은 넘치지만 경험이 부족한 신임 리더, 상사의 압박과 팀원들의 요구를 동시에 감당해야 하는 '샌드위치' 중간관리자들, 그리고 실질적인 권한은 제한적이지만 무거운 책임을 짊어진 고위 관리자들까지, 모든 단계의 리더들이 직면하는 현실적인 도전에 초점을 맞추었습니다.

저자인 이찬 교수와 김재은 대표는 교육 현장과 비즈니스 현장을 오가며 다양한 상황에서 리더십 문제를 겪는 관리자들을 만나왔습니다. 그를 통해 지금 현장에서 실무를 맡고 있는 관리자들에게 주어진 가장 큰 도전은 '전환convert'이라는 것에 의견이 일치했습니다. 매일 업데이트되는 디지털 전환, 갈등이 심화되는 세대 전환, 하이브리드 출현으로 인한 업무방식의 전환 등 끊임없는 변화의 소용돌이 속에서 휩쓸려가지 않기 위해 리더는 무엇을 붙잡아야 할까요?

이 책은 총 열세 개의 장에서 단순한 생존 전략이 아닌, 변화를 주도하는 리더로 성장할 수 있는 실질적인 통찰과 합리적인 도구를 제공하고자 합니다. 그 중심에 자리하고 있는 것이 '컨버터블 리더십Convertible Leadership'입니다. 컨버터블 자동차가 환경과 상황에 맞게 지붕을 열거나 닫아 최적의 주행 경험을 제공하듯, 조직의 상황과 구성원의 특성에 맞게 자신의 리더십 스타일을 유연하게 변환하여 진화시키는 능력을 의미합니다. 즉, 수동적으로 적응하는 태도를 넘어 적극적으로 주변을 읽고, 필요한 변화를 선제적으로 이끌어내는 진화된 리더십 패러다임입니다.

배우기, 버리기, 다시 배우기
: 전환의 사이클
—

컨버터블 리더십을 익히기 위해서 리더가 반드시 먼저 알아둬야 할 것이 있습니다. 바로 '전환의 사이클'입니다. 이는 '배우기, 버리기, 다시 배우기'라는 강력한 개념을 통해 현대 비즈니스 환경에서의 적응과 성장에 대한 새로운 시각을 제시합니다. 미래학자 앨빈 토플러Alvin Toffler가 강조했듯이, 이 사이클은 급변하는 세상에서 개인과 조직이 지속적으로 발전하는 데 필수적인 과정입니다.

1. 배우기Learn

새로운 지식, 기술, 행동을 습득하는 과정입니다. 학습은 때와 장소에 구애받지 않으며, 개인의 성장과 발전을 위한 기본 단계입니다. 대체로 기성 리더들은 자신들이 지금까지 배운 것만으로도 충분하다고 생각해서 새로운 배움에 도전하지 않고 시간을 투자하지 않는 경우가 많습니다. 전환의 시대, 생존의 리더십에 가장 필수적인 역량은 바로 새로운 것에 호기심을 가지고 끊임없이 배우는 학습 민첩성learning agility입니다.

2. 버리기 Unlearn

기존의 사고방식, 행동, 지식을 의도적으로 폐기하거나 수정하는 과정입니다. 과거에는 유용했지만 현재는 더 이상 효과적이지 않은 지식이나 습관이 변화와 발전을 방해할 수 있습니다. 버리는 작업은 단순히 잊는 것이 아니라, 깊이 뿌리내린 믿음과 가정을 해체해서 새로운 지식이 들어갈 공간을 마련하는 일입니다. 어떻게 보면 가장 어렵고 까다로운 작업이면서, 그만큼 가장 핵심적인 과정입니다. 현재 내 안에 무엇이 있는지 확인하고, 새로운 미래를 준비하기 위해서 다른 것을 받아들일 수 있도록 '학습해소 Unlearning'의 과정을 반드시 거쳐야 합니다.

3. 다시 배우기 Relearn

새로운 관점과 정보를 바탕으로 기존 지식을 재구성하거나 새로운 행동 방식을 채택하는 과정입니다. 변화된 환경에 적응하기 위해 기존 학습을 재해석하고 확장하며, 새로운 기술이나 시스템을 받아들이는 도전적인 태도가 필요합니다. 여기서 중요한 것은 포기하지 않는 그릿 grit입니다. 몸에 새로운 습관을 익히기까지는 여러 번의 시행착오가 수반됩니다. 부족해도 다시 시도하고, 긍정적으로 인식하며, 불편해도 계속 도전하는 끈기와 인내심이 필요합니다.

'배우기, 버리기, 다시 배우기' 사이클을 실천하는 조직들은 시장 변화에 두 배 더 빠르게 대응하고, 혁신 성과 또한 더 높게 나타납니다. 〈하버드 비즈니스 리뷰〉 연구는 미래의 성공이 학위가 아닌 학습 능력과 적응력에 의해 결정될 것이라고 강조합니다. 선도적 기업들은 인재들을 새로운 업무 환경이 요구하는 기술로 무장시키는 동시에, 바쁜 일정 속에서도 직원들이 지속적인 학습에 참여할 수 있는 환경을 조성하고 있습니다.

직장이 끊임없이 새로운 기술 습득을 요구하는 공간으로 진화함에 따라, 학습은 선택이 아닌 필수가 되었습니다. 글로벌 경영 컨설팅 기업 딜로이트의 연구에 따르면, 조직이 직원에게 학습 기회를 10퍼센트만 더 제공해도 생산성이 8.6퍼센트 증가하며, 학습 민첩성이 높은 조직은 평균 17퍼센트 더 높은 성과를 보인다고 합니다. 이러한 데이터는 현대 직장이 단순한 업무 공간을 넘어 지속적인 학습과 적응의 장으로 변모하고 있음을 명확히 보여줍니다.

이 일련의 사이클-배우기, 버리기, 다시 배우기-은 AI 시대의 비즈니스 환경에서 컨버터블 리더십의 핵심 기반을 형성합니다. 최신 어플리케이션이 구 버전 OS에서는 작동하지 않듯, 이전 리더십 스타일은 지금의 조직에 맞지 않습니다. 진정한 리더는 끊임없이 새로운 지식을 습득하고, 시대에 맞지 않는 관행과 사고방식을 과감히 버리며, 기존의 경험을 재해석하여 현재 상황에 맞게 적용할 줄 알아야 합니다. 이러한 유연성과 적응력이 컨버터블 리더십의 본질이며, 급변하는 비즈니스 환경에서 조직과 개인이 지속적으로 성장하고 번영할 수 있는 핵심입니다.

나를 둘러싼 AI 시대의 환경이 확실히 달라지고 있다고 체감하지만 아직 어떻게, 무엇을 해야 할지 몰라 초조해하고 있다면, 이 책에서 다음 다섯 가지를 얻어갈 수 있습니다.

1. 자기인식을 바탕으로 리더십을 전환하는 방법
2. 일과 학습의 균형을 통한 지속 가능한 성장 전략
3. 디지털 시대에 필요한 핵심 역량과 개발 방법
4. 멀티 세대 간 협력을 촉진하는 실용적 접근법
5. 변화를 내재화하며 조직 전환을 이끄는 방법

전환해야 살아남는 시대

—

"가장 강한 종이나 가장 똑똑한 종이 살아남은 것이 아니다.
변화에 가장 잘 적응하는 종이 살아남는 것이다."
– 찰스 다윈

변화의 시대를 살아가는 우리에게 다윈의 통찰은 더욱 의미심장하게 다가옵니다. 이제 우리는 시리Siri나 빅스비Bixby 등 인공지능과 대화하며 하루를 시작하는 게 자연스러워졌습니다. 대화형 AI 서비스인 챗GPT는 일상적인 업무 파트너가 되었고, "오늘은 재택이에요"라는 동료의 말도 더 이상 낯설지 않습니다. 불과 몇 년 전만 해도 상상하기 어려웠던 변화들이 어느새 업무와 일상에 스며들었습니다.

세계 최대 인재개발 컨퍼런스 ATDAssociation for Talent Development는 이런 시대에 리더에게 필요한 핵심 역량으로 유연한 리더십, 빠른 학습력, 디지털 리터러시, AI 활용능력을 제시했습니다. 디지털 리터러시와 AI 활용능력은 새로운 도구를 이해하고 활용하는 기술이며, 유연한 리더십과 빠른 학습력은 변화하는 환경에서 방향을 잡고 지속적으로 적응하게 도와주는 힘입니다. 이 모든 역량이 결합될 때 진정한 '전환 능력'이 완성됩니다. 이 네 가지 역량은 1부에서 자세히 살펴볼 예정입니다.

아날로그 신호가 디지털로 변환되어 새로운 가치를 만들어내듯, 우리도 시대의 변화에 맞춰 자신의 역할을 전환할 수 있어야 합니다. 일터에서는 이미 전환이 시작되었습니다. 때로는 20대 직원이 50대 임원에게 AI 활용법을 가르치고, 50대 임원은 자신의 소중한 경험을 젊은 세대와 나눕니다. 더 이상 한 방향의 지시와 통제는 통하지 않습니다. '나를 따르라'는 외침은 '함께 가자'는 초대로 바뀌어야 합니다.

우리가 주목하는 전환은 크게 세 가지 차원에서 이루어집니다. 1부에서 다루는 〈관점의 전환〉은 자기 자신과 세상을 바라보는 시각을 변화시키는 것으로, 모든 전환의 출발점입니다. 보는 시각을 달리함으로써 나 자신과 나를 둘러싼 세계를 위한 변화의 기초를 다집니다. 2부 〈리더십의 전환〉은 지시와 통제에서 코칭과 협력으로, 고정된 리더십에서 상황에 맞게 유연하게 변화하는 리더십으로의 전환을 의미합니다. 현장에서 실무를 진행하고 있는 중간관리자들을 위해 지금 당장 활용할 수 있는, 실질적인 리더십 전환 방법을 탐구합니다. 마지막으로 3부에서 설명하는 〈조직의 전환〉은 개인의 변화를 넘어 조직 전체가 변화에 민첩하게 대응하고 지속 가능한 발전을 이루는 체계를 구축하는 것입니다. 국내외 유수 기업들의 사례를 통해 유연하고 안전한 조직 문화를 구축하는 방법들을 알아봅니다.

이 책은 당신의 성공적인 전환을 위한 실용적인 안내서입니다. 때로는 빠르게, 때로는 천천히, 하지만 끊임없이 전환하며 성장하는 것이 바로 AI 시대가 요구하는 리더의 모습입니다. 지금까지의 경험만으로는 내일의 성공을 만들 수 없습니다. 이제 우리는 새로운 시대의 리더십 디자이너가 되어야 합니다. 전환의 시대, 나와 우리 조직은 어떤 변화를 꿈꾸고 있을까요? 그 해답을 함께 찾아가 보시죠.

목차

──────── **1부** ────────

관점의 전환

AI Navigation Perspective

1부

관점의
전환

AI Navigation Perspective

AI와 함께 다시 보는 '나', 일, 삶의 방향

"자기 자신부터 깊이 이해하고 디지털 환경과 AI에 적응하며 지속적으로 배우는 마음가짐을 갖출 때 리더십 전환의 첫 단계가 시작된다."

우리는 매일 내비게이션을 사용해서 목적지를 향해 나아갑니다. 하지만 리더의 여정에서 가장 중요한 것은 바로 **현재 자신의 위치를 정확히 파악**하는 것입니다. 내비게이션이 현재 위치를 정확히 알아야 최적의 경로를 안내할 수 있듯이, 리더십의 첫 번째 단계 역시 자기 자신에 대한 명확한 인식에서 시작됩니다.

오늘날의 비즈니스 환경은 끊임없이 변화하고 있습니다. 불확실성과 복잡성이 증가하는 가운데, 리더는 단순히 지식을 습득하는 것을 넘어 지속적으로 학습하고 변화에 적응할 수 있는 역량이 필요합니다. 디지털 전환과 AI의 등장은 리더들에게 새로운 관점과 접근법을 요구하고 있습니다.

1부에서는 리더로서 갖추어야 할 다섯 가지 핵심 관점의 전환을 살펴보겠습니다.

Chapter 1: 출발지AI Here&Now－지금 여기에서 AI와 함께

Chapter 2: 경로 설정 Work-Learning in Transition－AI와 재설정한 워러밸

Chapter 3: 업데이트 Just-in-Time Update－적재적소적시 AI 학습 민첩성

Chapter 4: AI 내비게이션AI Navigation－AI 리터러시와 디지털 내비게이션

Chapter 5: AI 집단지성AI Collective Intelligence－AI와 협업하는 시너지 효과

당신은 지금 어디에 서 있습니까? 그리고 어디로 향하고 싶은가요? 함께 새로운 관점으로 리더십 여정을 시작해봅시다.

출발지
AI Here & Now
- 지금 여기에서 AI와 함께

변화의 첫걸음, 나를 이해하는 힘

성과만 바라보느라
나 자신을 잃어버렸다

—

박진서 팀장(45세)은 첫 직장으로 대기업에 입사하여 15년을 내리 근무했으나, 해가 지날수록 성과 압박은 커지는데 승진하기는 어려워 보였다. 고민 끝에 더 많은 권한과 기회를 약속받고 중견기업으로 이직했다. 대기업 특유의 성과 중심 사고방식이 몸에 배어 있던 그는 눈에 띄는 결과물을 보여준 덕분에 새로운 회사에서도 금세 인정을 받을 수 있었다. 하지만 팀원들의 반응은 차가웠다.

"팀장님은 너무 직설적이세요."

"회의 때마다 지적받는 게 부담스러워요."

"솔직히 팀장님 기준을 맞추기가 어려워요."

"우리는 대기업이 아니고 AI 기술도 팀장님이 계셨던 곳처럼 발달하지 않앉어요."

박 팀장은 이해할 수 없었다.

'회사인데 성과를 내는 게 가장 중요하잖아. 왜 이런 걸로 힘들어하지?'

'솔직하게 피드백을 해야 오해가 없지 않나?'

'AI 도구를 도입하면 효율이 높아질 텐데 왜 거부감을 가지는 걸까?'

그렇게 2년이 흘렀다. 다행히 팀은 아직까진 성과를 낼 수 있었지만, 반대로 직원들과의 관계는 점점 나빠졌다. 개선되지 않는 환경에 박 팀장은 점차 회사에 대한 불만도 생겨났다.

'다들 왜 일을 이 모양으로 하지?'

'회사에서는 도대체 왜 이런 사람들을 뽑은 걸까?'

'회사에서는 왜 AI 도구 활용에 적극적이지 않을까?'

그러던 어느 날, 리더십 강의에서 폐부를 찌르는 질문을 들었다.

"지금까지 조직에서는 여러분에게 성과를 향해 달리게 했습니다. 하지만 한 가지 질문을 드릴게요. 여러분이 인생에서 정말 원하는 것은 무엇인가요? 그리고 AI 시대에 리더로서 어떤 가치를 만들고 싶으신가요?"

박 팀장은 순간 당황했다. 그는 성과를 내는 것이 자신의 목표이며, 직장인이라면 모두 같을 거라고 생각했다. 하지만 그게 전부일까? 그 질문을 듣고서야 자신이 얼마나 지쳐 있었는지 깨달았다. 회사에서는 매년 전년보다 더 높은 성과를 기대하지만, 팀원들에게서는 발전하는 모습을 찾을 수가 없었다. 타일러도 보고 화도 내봤지만, 결국 지치는 건 자기 자신뿐이었다. 비전을 공유할 수 있는 동료가 없으니 더욱 일에 몰두할 수밖에 없었고, 일은 더 많은 일을 불러왔다. 점차 업무 외에는 아무것도 눈에 들어오지 않았고, 회사에서도 고립되어갔다. 박 팀장은 팀원들에게 가차 없이 부정적인 피드백을 하면서, 동시에 스스로를 더 혹독하게 몰아붙이고 있다는 사실을 깨달았다.

'이 연차에 이 정도도 못하면 바보 아니야?'

'이걸 또 실수해? 정신 좀 차려!'

'이러려고 대기업에서 이직했어? 이렇게 해서 언제 승진할래?'

'AI 도구도 제대로 활용하지 못하면서 어떻게 경쟁력을 유지하려고?'

그렇게 자신을 돌아보지 않고 성과에만 급급해하는 동안 스스로 어떤 사람이 되고 싶은지, 무엇을 할 때 즐거운지, 언제 편안함을 느끼는지, 이 모든 것에 대해서는 한 번도 생각해본 적이 없다는 사실을 깨달았다.

자기인식: 변화의 출발점

—

자기인식은 AI 시대 리더십의 가장 근본이자 핵심입니다. 길을 찾을 때 지도 어플리케이션을 열어 가장 먼저 현재 위치를 확인하듯이, 리더로서 진정한 성장과 변화를 이루기 위해서는 자신이 지금 서 있는 위치를 명확히 파악하는 것이 첫 번째 단계입니다. AI 내비게이션이 당신을 목적지로 안내하기 위해서는 정확한 출발점을 알아야 하듯이, 리더십 여정도 같은 원리로 시작됩니다. 따라서 겉포장 없이, 자신의 현재 위치를 솔직하게 마주해야만 진정성 있는 성장을 그려나갈 수 있습니다.

여기서 말하는 자기인식은 자신의 감정과 생각을 파악하는 차원을 넘어섭니다. 이는 나만이 갖고 있는 고유한 강점과 발전 가능 영역, 그리고 무한한 성장 가능성을 깊이 이해하고 받아들이는 여정입니다. 또한 감정적 편향, 과도한 자신감, 인지 부조화와 같은 리더십의 숨겨진 함정들을 극복하는 데 유일무이한 구심점이 되어줍니다.

자신을 객관적으로 판단할 수 있는 리더는 어떤 불안정한 상황에서도 명확한 기준에 따라 의사결정을 내리고, 단단한 신뢰를 바탕으로 인간관계를 구축하며, 팀원들과 함께 탁월한 성과를 이끌어냅니다. 글로벌 시장조사기관 가트너의 연구에 의하면, 높은 자기인식을 갖춘 리더는 그렇지 않은 리더보다 10퍼센트 더 효과적으로 리더십 역량을 발휘합니다. AI 시대에는 이러한 자기인식이 더욱 중요해집니다. 기술이 급속도로 발전하는 지금, 리더는 자신의 디지털 역량과 한계를 정확히 파악하고 AI와 어떻게 협업할지에 대한 명확한 이해가 필요합니다. 반대로 자기인식이 부족한 책임자들은 공통적으로 조직에 대한 충성도가 높고, 대인감수성이 부족하여 상대방에 대한 이해도가 낮습니다. 피드백이 아닌 거침없는 핍박을 하고도 일말의 죄책감이나 반성 없이 열정적인 본인 덕분에 회사가 이나마 유지된다고 자위합니다.

리더는 운전자와 마찬가지입니다. 다만 자동차 대신 팀을 운전합니다. 도로 위에서는 모든 차량이 서로 신호를 섬세하게 읽고 조화롭게 운전을 해야 사고를 피할 수 있듯이, 조직에서도 구성원 간의 미묘한 비언어적 신호까지 파악하고 서로 배려하며 원하는 바를 맞춰 조화를 이루는 것이 중요합니다. 운전자가 도로 상황에 따라 전진, 후진, 정차를 선택하듯이, 리더 또한 자신과 팀이 처한 상황을 면밀하게 읽고 시의적절하게 판단을 내려야 합니다. 앞으로 나아가는 것(전진)만이 성공의 열쇠가 아닙니다. 때로는 의도적으로 물러서서 전체적인 상황을 조망하고(후진), 때로는 잠시 멈추어(정차) 심호흡하며 새로운 방향을 찾아야 합니다.

AI 내비게이션의 시대에는 단순히 목적지만 입력하면 모든 것이 해결되지 않습니다. 리더는 AI가 제시하는 다양한 경로 중에서 팀과 조직에 가장 적합한 경로를 선택하고, 때로는 AI가 제안하지 않는 창의적인 경로를 스스로 개척해야 합니다.

성공하는 리더에게는 깔끔하고 명확한 교통정리를 통해 팀이 유기적으로 움직여서 충돌 없이 안전하게, 그리고 함께 목적지에 도착할 수 있도록 안내하는 역할이 요구됩니다. 지금 이 순간, 나는 리더로서 자신의 현재 위치를 얼마나 선명하게 바라보고 있나요?

- **전진**drive: 과감하게 앞으로 나아갑니다. 그러나 성과를 위해 속도를 높여 앞만 보고 달리다 보면 자신과 팀원들의 신호가 어긋나기 쉽고 사고가 날 가능성이 커집니다. AI 도구를 활용할 때도 기술만 앞세우고 인간적 가치를 간과하면 팀의 저항을 만날 수 있습니다.
- **후진**reverse: 한 걸음 물러서서 상황을 객관적으로 살핍니다. 지나온 길을 되짚으며 자신을 성찰하는 시간은 더 나은 방향으로 나아가기 위한 필수 과정입니다. AI 시대에는 데이터와 분석 결과에만 의존하지 않고, 인간적 직관과 경험의 가치를 재평가하는 시간도 필요합니다.
- **정차**stop: "당신이 정말 원하는 것은 무엇인가요?"라는 질문 앞에서 멈춰 선 박 팀장처럼, 새로운 방향을 모색하기 위해 잠시 멈추는 용기도 필요합니다. AI와 함께하는 미래에서 우리가 진정으로 추구해야 할 가치가 무엇인지 생각해보는 시간입니다.

자기인식을 위한 질문 세 가지

—

1. 내가 뛰어나게 잘하는 바는 무엇인가?

자기소개서에도 흔히 나오는 질문으로, 언뜻 단순해 보이지만 솔직하게 답하기는 생각보다 어렵습니다. 비교 대상이 누구인가에 따라서도 고민은 깊어집니다. 하지만 이 질문에 대한 답을 미리 정리해두지 않으면 자신의 강점을 과대평가하여 무리한 도전을 감행했다가 낭패를 보거나, 반대로 과소평가하여 자신을 빛낼 기회를 맥없이 놓치고 맙니다. AI 시대에는 이 질문이 더욱 중요해집니다. "AI가 할 수 있는 일과 내가 잘하는 일은 어떻게 다른가?" "AI와 협업할 때 내가 기여할 수 있는 고유한 가치는 무엇인가?" 이러한 질문을 통해 리더는 자신만의 독특한 강점을 발견하고 AI와의 시너지를 극대화할 수 있습니다.

많은 리더들이 자신의 성공을 노력이 아닌 운의 탓으로 돌리는 가면증후군에 시달리다가 불필요한 고민에 시간을 낭비하며 정작 집중해야 할 일에 소홀해지기도 합니다. 성공 이후에도 자신을 평가절하하며 곧 실력의 한계가 드러날 것이라는 두려움에 자책하다 우울증까지 경험하는 리더들이 적지 않습니다.

자신의 진정한 능력을 정확히 파악하면 자신감이 생기고 나아갈 방향이 명확해집니다. 객관적인 기준을 확립해야만 조직의 리더로서 근거 있는 방향성을 가지고 성장할 수 있습니다. 제가 만난 한 제조업체 리더는 이렇게 고백했습니다. "조정 능력이 제 핵심 강점이라는 사실을 깨닫고 난 뒤에야, 복잡한 팀 프로젝트들을 훨씬 더 효과적으로 이끌 수 있게 되었습니다. 이제는 AI 도구가 데이터를 분석하는 동안, 저는 팀원들의 감정과 역동성을 조율하는 데 집중합니다."

2. 나는 어떤 부분이 부족한가?

자신의 한계를 인정하는 것은 약점을 드러내는 것이 아닙니다. 오히려 강인하다는 증거입니다. 이는 동료에게 협력을 요청할 건강한 기반을 마련하고, 각자의 특출난 재능들을 조화롭게 결합해서 프로젝트를 성공으로 이끌 수 있는 문을 열어줍니다. 연구자이자 작가인 브레네 브라운Brene Brown이 대중화한 '취약성의 힘'은 불완전함까지 드러내어 진정성을 받아들인다면 더 깊은 연결, 성장, 자기수용으로 갈 수 있음을 시사합니다.

AI 시대에는 "내가 AI보다 부족한 영역은 무엇인가?"라는 질문도 중요합니다. 데이터 처리, 패턴 인식, 반복 작업 등에서 AI의 능력을 인정하고 적극 활용하는 리더는 자신의 창의성, 감성 지능, 윤리적 판단력과 같은 인간 고유의 영역에 더 집중할 수 있습니다.

앞에서 소개한 박 팀장의 사례처럼, 많은 리더들은 자신의 한계를 인정하는 데 어려움을 겪습니다. 한 스타트업 창업자는 이렇게 회상했습니다. "제가 기술 분야의 경험이 부족하다는 점을 솔직히 인정했을 때, 비로소 우리 회사의 비전을 실현해줄 탁월한 CTO Chief Technical Officer, 최고 기술 관리자를 영입할 수 있었습니다. 이제 우리는 AI 기술을 적극 활용하여 제가 상상도 못했던 혁신을 이루고 있습니다."

3. 나는 어떤 방향으로 더 성장할 수 있는가?

자기인식은 현재 상태를 파악하는 데에서 그치지 않습니다. 나아가 당신이 바라는 미래를 설계하는 가장 강력한 도구가 됩니다. 박팀장이 내면의 소리에 귀를 기울임으로써 팀원에 대한 부정적인 피드백이 사실은 자신을 향한 회초리였다는 것을 깨달은 것처럼, 자신이 진정으로 원하는 바가 무엇인지 인지하는 순간에 비로소 리더로서 성장의 방향이 보이기 시작합니다. AI 시대의 리더는 "AI와 함께할 때 나의 역할은 어떻게 진화해야 하는가?"라는 질문도 던져야 합니다. 이는 단순히 새로운 기술을 배우는 것을 넘어, 인간과 AI의 협업 생태계에서 자신의 고유한 위치와 기여 방식을 재정의하는 과정입니다.

리더십의 확장: 타인과 다양성

—

내밀한 질문을 마주한 박 팀장은 이제 새로운 차원의 문을 열게 됩니다. 리더로서의 여정은 자신에 대한 이해를 넘어 타인, 동료와 팀원들의 잠재력을 발견하고 다양성의 가치를 존중하는 단계로 나아갑니다. 자기인식이 높아질 때 비로소 타인의 강점과 필요를 진정으로 이해할 수 있게 됩니다.

AI 시대에는 이러한 다양성이 더욱 중요해집니다. 애플의 CEO 팀 쿡 Tim Cook이 강조했듯이 "다양성은 혁신의 원동력"입니다. 박 팀장이 스스로 질문을 던진 것처럼 팀원들에게도 스스로 질문하게 함으로써 팀을 움직이는 원동력을 이끌어내야 합니다.

모든 의미 있는 변화와 성장은 나 그리고 함께 일하는 동료들의 현재 위치를 정확히 파악하는 자기인식에서 시작됩니다. 팀의 고유한 강점과 발전 영역을 탐구하고 "내가 정말 원하는 것은 무엇인가?", "AI 시대에 나와 우리 팀은 어떤 고유한 가치를 창출할 수 있는가?"라는 질문에 솔직하게 답해보세요. 리더로서 자신과 팀을 진정으로 이해하는 것이 AI와 함께하는 탁월한 리더십 여정의 첫걸음입니다.

"리더십 전환은 '나'로부터 시작된다 – 자기인식이 전환의 첫 엔진이다."

전환 실천 포인트

1. 리더십 스타일을 진단하고 나의 행동 패턴을 파악한다.
2. 구성원의 반응을 통해 나의 영향력을 되돌아본다.
3. 통제보다 관찰 중심의 리더십 자세를 훈련한다.
4. 감정 인식과 조절 능력을 통해 정서적 리더십을 강화한다.
5. 코칭과 성찰 루틴으로 리더십을 점검한다.

셀프 체크리스트		
전환 실천 포인트	체크 문항	✓
1. 리더십 스타일 진단	나의 리더십 스타일을 명확히 알고 있다.	☐
	AI 환경에서 상황에 따라 리더십 방식을 유연하게 바꾼 경험이 있다.	☐
2. 구성원 반응 성찰	구성원이 내 말과 행동에 어떻게 반응하는지 의식하고 있다.	☐
	구성원의 피드백을 반영해 나의 방식을 조정해본 적이 있다.	☐
3. 관찰 중심 리더십	내가 통제하려는 충동을 줄이고 구성원을 관찰한 적이 있다.	☐
	구성원이 자율적으로 움직이도록 기다리고 지지한 적이 있다.	☐
4. 감정 인식과 조절	나의 감정 상태를 인식하고 조절하려 노력하고 있다.	☐
	구성원의 감정을 빠르게 파악하고 적절히 대응한 경험이 있다.	☐
5. 코칭과 성찰 루틴	최근 3개월 내 피드백 또는 코칭을 받은 경험이 있다.	☐
	주기적인 자기 성찰이나 AI 기반 피드백 도구들을 활용한 회고를 실천하고 있다.	☐

예 = 1점, 아니요 = 0점

점수	해석
9~10점	자기인식 기반의 리더십이 잘 정립되어 있으며, AI 변화에도 유연하게 대응할 수 있다.
6~8점	기본 인식은 갖추고 있으나, 감정 인식과 성찰 루틴 등 강화가 필요하다.
0~5점	자기인식 기반 리더십이 부족한 상태. 외부 피드백과 AI 도구를 통한 진단 및 관찰 훈련을 병행해보자.

요약 가이드

· 잘하고 있습니다

- 자신의 리더십 스타일을 명확히 인식하고 있다.
- 구성원의 반응과 피드백을 행동 변화에 활용한다.
- 성찰과 피드백 루틴을 꾸준히 실행하며 AI 기반 도구도 참고한다.

· 노력이 필요합니다

- 리더십 방식이 불명확하거나 변화에 대한 유연성이 부족하다.
- 피드백을 수용하지 않거나 디지털 환경에서 정서적 대응이 어렵다.
- 성찰 루틴이 없고, AI를 리더십 성장 도구로 활용하지 못하고 있다.

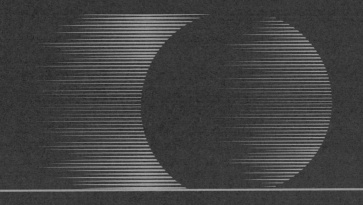

CHAPTER 2

경로 설정
Work-Learning in Transition
- AI와 재설정한 워러밸

일과 삶, 그리고 학습의 균형

"이번에는 정말
오래 다닐 수 있을까?"

—

데이터 분석 전문가인 김하진 책임(35세)은 게임회사에서 금융사, 그리고 지금의 헬스케어 대기업까지, 업계를 넘나들며 커리어를 쌓아왔다. 이력서만 보면 누구나 탐낼 만한 화려한 경력이다. 주변에서는 "부르는 게 값인 직무라 연봉을 올리며 커리어를 관리한 것이 아니냐"고 부러워 했지만, 정작 그는 극심한 혼란에 빠져 있었다.

데이터 분석은 최근 가장 인기 있는 직종이다. 기업들이 AI와 데이터 기반 의사결정 방식을 도입하면서 분석 전문가를 찾는 데 치열하게 경쟁하고 있다. 문제는 데이터 분석가를 채용한 기업들이 기대하는 바가 천차만별이라는 점이다.

김 책임이 처음 입사한 게임회사에서는 유저 행동 패턴을 분석해 매출을 극대화하는 업무를 맡았다. 이후 금융사에서는 리스크 모델을 만들어야 했고, 현재 헬스케어 기업에서는 환자 데이터를 기반으로 신사업을 기획하고 있다. 어떤 회사는 데이터를 기반으로 한 의사결정을 원했고, 어떤 회사는 단순한 데이터 보고를 기대했다. 결과적으로 대부분의 회사가 데이터를 어떻게 활용할 것인지에 대한 명확한 방향성을 가지고 있지 않았다. 이번 헬스케어 기업에서도 채용 과정에서는 "자율적으로 데이터 기반의 전략을 이끌어달라"고 하더니, 막상 입사 후에는 구체적인 목표 설정도 없이 데이터 분석가가 만능 해결사라도 되는 것처럼 취급했다. "AI 솔루션으로 문제를 해결해주세요"라는 요청이 하루가 멀다 하고 들어왔지만, 무엇을 해결하려는 것인지 명확하지 않았다.

역할이 명확하지 않으니, 일에 대한 만족감도 점점 줄어들었다. '이럴 바엔 차라리 '워라밸Work-Life Balance'이라도 챙기는 게 낫지 않나?' 김 책임은 워라밸을 최우선 가치로 내세우며 퇴근 후 골프, 테니스 등 다양한 취미 생활로 눈을 돌렸다. 하지만 그러는 동안에도 마음 한구석에는 불편함이 자리 잡고 있었다. 그러던 어느 날, 김 책임은 꾸준히 레슨을 받고 관련 영상을 찾아 연습하고 전문 서적까지 읽으며 '학습'에 몰두하고 있는 자신을 발견하게 되었다. '사실 지금 나에게 부족한 건 취미가 아니라 업무에서의 '배움'이 아닐까?' 'AI 시대에 단순 분석으로는 가치를 창출할 수 없는데, 내 전문성은 어떻게 확장해야 할까?'

한 가지 기술로 평생을 먹고사는 시대는 지나갔다. 이제는 전문성을 가지고 있어도 현재의 기술만으로는 부족하다. 그는 자신이 헬스케어 산업의 사회적 맥락, 트렌드, 비즈니스 모델 그리고 AI와 데이터의 융합 방식 등에 대한 이해가 부족했고 그래서 진정한 가치를 창출하기 어려웠다는 사실을 깨달았다. 성장하는 리더로서 그에 걸맞은 성과를 내기 위해서는 자유와 책임의 균형이 필요했던 것이다.

"저는 워라밸을 원한다고 생각했지만, 사실은 '목표를 설정하지 않은 조직'에서 방황하고 있었던 거예요. AI 시대에 어떻게 제 역할을 재정의해야할지 방향을 찾지 못했던 거죠."

퇴사가 아니라
일하는 방식에 대한 고민

—

다시금 자신의 업무를 돌아보니, 자신은 전문 분야인 데이터 분석 기술은 확보했지만 헬스케어 산업 자체에 대한 이해와 AI 기술을 실제 의료 현장에 적용하는 방식에 대한 지식이 부족했다. 아무리 분석 기술이 뛰어나도 시장의 맥락을 파악하지 못한다면 기업에 유의미한 가치를 창출할 수 없다는 사실을 알게 되었다. 자신이 느낀 불편함의 정체는 고액 연봉과 직급에 따르는 책임감을 워라밸이라는 핑계를 대며 회피해왔다는 죄책감이었다.

이직을 고민하던 김 책임은 기존의 업무 방식에서 과감히 벗어나 새로운 접근을 시도하기로 했다. 먼저, 자신이 원하는 커리어에 부합하는 명확한 목표를 설정했다. 김 책임의 경우 '이 회사에서 1년 동안 내가 만드는 데이터 모델과 AI 솔루션이 실제로 어떻게 활용되는지 구체적으로 정의할 것'으로 정했다. 회사가 방향을 주지 않는다면, 자신이 직접 방향을 설정하기로 했다.

그러기 위해서 업무를 조율하는 방법을 처음부터 다시 정리하고, 지금까지 모호했던 상사와의 소통 방식도 근본적으로 바꾸었다. 상사의 "이거 분석 좀 해주세요"나 "여기에 AI를 적용해주세요"라는 업무 지시를 그대로 받아들이지 않았다. "이 분석이 어떤 의사결정에 쓰일 예정인가요?" "이 AI 솔루션을 통해 어떤 구체적인 문제를 해결하려고 하나요?" "이 데이터를 활용하면 실제 비즈니스 성과에 어떻게 도움이 될까요?" 등 업무의 역할과 필요성을 나 자신과 상사에게 이해시켰다. 목표가 명확하지 않은 요청은 주도적으로 방향성을 제시하며 함께 정리해나갔다.

마지막으로 변혁적 셀프 코칭을 실천했다. 김 책임은 스스로에게 매주 한 가지씩 핵심 질문을 던졌다. '나는 지금 이 회사에서 대체할 수 없는 나만의 전문성을 키우고 있는가?', '내가 그리는 커리어 성장 방향과 현재의 업무가 일치하는가?', 'AI 시대에 내 역할은 어떻게 진화해야 하는가?', '조직의 요구에 무조건 순응하기보다 주도적으로 나의 커리어를 만들어나가고 있는가?'

그 이후로 김 책임은 자신의 전문성을 헬스케어 산업 지식과 어떻게 융합할 수 있을지 구체적으로 고민하기 시작했다. 취미에 쏟았던 열정을 업무 관련 지식을 습득하는 일로 전환한 것이다. 의학 저널을 구독하고 헬스케어 산업 컨퍼런스에 참석하며, 회사 내 의료 전문가들과 정기적인 미팅을 가졌다. 또한 생성형 AI와 같은 최신 기술이 의료 데이터 분석에 어떻게 적용될 수 있는지 연구하고 실험했다.

더 나은 직장이 아니라, 더 나은 직장 환경을 창조하라

—

6개월이 지나자 김 책임이 몸담고 있는 조직도 눈에 띄게 변화하기 시작했다. 상사 역시 데이터 분석과 AI 활용의 목적을 더 명확하게 공유하고("저번 분기에 신설된 TF팀에서 프로젝트 경과 보고용으로 필요하다고 요청받았어요"), 분석 결과가 더 유의미하게 활용될 수 있도록 적극적으로 논의하게 되었다("그래서 시간 순으로 정리하되 이전에 다른 TF팀에서 유사한 프로젝트를 진행한 적이 있으니 데이터를 비교한 자료도 있으면 좋을 것 같아요" "AI 모델이 예측한 결과와 실제 결과를 함께 보여주면 더 설득력이 있을 거예요").

이직은 근본적인 문제를 해결하는 답이 아니며, 원하는 환경은 내가 주도적으로 만들어야 한다. 그러기 위해서 무엇보다 자신의 전문성과 업무 관련 지식을 균형 있게 발전시키고, AI 시대에 맞는 새로운 역할을 스스로 정의하기로 마음을 먹었다.

지금 당신에게 필요한 건
워라밸보다 '워러밸'

—

워라밸은 현대인의 보편적인 열망입니다. 하지만 이 개념 안에는 마음 한구석을 불편하게 만드는 질문이 숨어 있습니다. 우리는 출근해서 일하는 것만으로 원하는 성과를 창출해낼 수 있는 역량을 이미 갖추고 있을까요? 특히 AI가 일상화된 시대에, 학습 없이 경쟁력을 유지할 수 있을까요?

> "워라밸을 지금 지키면 미래의 워라밸이 없다고 생각해요."
> – '모수' 안성재 셰프

미슐랭 3스타 안 셰프의 발언은 현재 우리가 마주한 근본적인 고민을 정확히 짚어냅니다. 급변하는 시대, 특히 AI가 빠르게 발전하는 환경에서 단순히 일과 삶을 양분하는 방식으로는 나만의 경쟁력을 유지할 수 없습니다. 이제 우리는 균형을 깨뜨리는 것이 아니라 새로운 균형을 창조해야 합니다. 일과 삶을 넘어 일과 학습의 역동적인 균형, 즉 'AI 시대의 워러밸Work-Learning Balance'을 깨우쳐야 합니다. 이는 일하는 과정에서 지속적으로 배워서 성장하고, 이를 통해 다른 차원의 성과를 창출하는 선순환이 핵심입니다. 이러한 혁신적인 균형은 성장하기를 갈망하는 리더들의 만족도를 극대화하는 동시에,

조직에 지속 가능한 발전을 불러오는 결정적인 열쇠이기도 합니다.

앞선 김 책임의 사례는 이 점을 명확히 보여줍니다. 많은 직장인들이 워라밸을 갈망하지만, 결국 워라밸만으로는 성장하고 싶은 욕망을 채우지 못하고 한계에 봉착하게 됩니다. AI 시대에는 더욱더 그렇습니다. 요지는 성장하고자 하는 의지에 있습니다. 퇴근 후에도 만족감과 성취감을 얻고 싶다면, 이직을 하더라도 어디서든 탐내는 인재가 되고 싶다면, 언제 어디서든 일과 학습이 자연스럽게 융합되는 방식으로 커리어를 전략적으로 설계해야 합니다.

결정적으로 워러밸은
왜 중요할까?

—

급속한 기술 발전 속도에 대해서는 언급하지 않아도 다들 알고 있을 것입니다. 하지만 많은 사람들이 간과하고 있는 사실은 우리의 예상보다도 기술의 발전은 더 빠르게 이루어지고 있다는 점입니다. 디지털 시대, 특히 AI가 주도하는 변화는 기존의 성공 방정식을 근본적으로 무력화시킵니다. AI의 학습 속도가 인간의 학습 속도를 압도적으로 초월하는 오늘날, 우리는 더욱 효율적이고 영리하게 학습해야 합니다. 이는 개인과 조직 모두에게 혁신적인 패러다임 전환을 요구합니다. 그래서 워러밸은 스쳐 지나가는 유행이 아니라 경쟁력, 지속 가능성, 생존에 있어서 절대적 요인으로 부상하고 있습니다.

먼저, 경쟁력의 문제입니다. 이미 AI와 자동화가 인간의 노동과 인지 능력을 차차 대체해나가고 있습니다. 메타 CEO인 마크 저커버그 Mark Zuckerberg는 AI가 회사 내 중급 개발자 수준의 코딩 작업을 수행할 수 있다고 했습니다. 최근 실리콘밸리에서는 직원을 채용하려면 AI보다 무엇을 더 잘할 수 있는지 증명해야만 한다고 합니다. 지속적인 학습은 개인의 경쟁력을 유지하고 AI가 닿을 수 없는 지점을 발전시키는, 인간에게 남은 유일한 전략입니다.

딜로이트의 심층 보고서에 따르면, 지속적인 학습을 체계적으로 실천하는 조직의 생산성이 그렇지 않은 조직보다 17퍼센트 높게 나타났습니다. IBM의 연구에서도 학습 기회가 10퍼센트 증가할 때 생산성이 평균 8.6퍼센트 급증했다고 밝혔습니다. 그밖에도 여러 연구에서 학습은 곧 혁신적 성과로 직결됨이 명확하게 나타납니다. 그래서 인텔에서는 모든 직원에게 연간 100시간의 전략적 학습 시간을 보장하여 직원들이 급변하는 기술 환경에 민첩하게 대응할 수 있도록 지원하고 있습니다.

두 번째는 지속 가능성의 문제입니다. 이는 AI 시대에 개인에게는 평생 고용 가능성을 전략적으로 확보하는 일이며, 조직에게는 안정적인 학습 문화를 통해 급변하는 비즈니스 환경에 적응력을 높여 끊임없는 성장과 혁신을 이끌어내는 일입니다. 글로벌 컨설팅 기업 맥킨지의 연구에 따르면, 적응력을 체계적으로 배양하는 조직은 수익성이 최대 37퍼센트 향상됩니다.

삼성카드의 사례는 워러밸의 실천적 가치를 완벽하게 입증합니다. 삼성카드는 2018년부터 마케팅, 디지털, 제휴, 분석, 신용관리라는 5대 핵심 역량을 전사적 교육체계로 구축했습니다. 레벨에 따라 세분화된 역량 개발 시스템은 전 직원의 기본 소양부터 핵심 전문기술까지, 조직 전체의 지식 생태계를 강화합니다. 주목할 점은 주 52시간 근무제 안에 이 혁신적 교육체계를 완벽하게 융합시켰다는 것입니다. 결과적으로 직원들에게 정시퇴근이라는 워라밸의 가치를 보장하면서도, 워러밸을 통해 역량을 상향평준화시켜 지속적 성장과 수익 창출을 실현했습니다. 이는 일과 학습의 균형이 단순히 이론에 그치지 않고 조직의 경쟁력과 개인의 성장을 동시에 가속화하는 실질적 전략임을 보여주는 강력한 증거입니다. 워러밸은 더 이상 선택이 아닌 생존의 필수 조건이며, 미래를 선도할 조직과 개인의 핵심 경쟁력입니다.

세 번째는 생존의 문제입니다. '평생학습'을 강조한 앨빈 토플러는 "21세기의 문맹자는 읽고 쓸 줄 모르는 사람이 아니라 배운 것을 잊고, 새로운 것을 배울 줄 모르는 사람"이라고 언급하면서, 빠르게 배우는 것은 살아남기 위해 절대적으로 필요하다고 강조했습니다.

AI와 같은 기술 변화의 속도가 기하급수적으로 빨라지면서 학습하지 않는 개인과 조직은 필연적으로 도태될 수밖에 없음을 경고하고 있습니다.

세계경제포럼World Economic Forum에 따르면 직무 관련 지식의 유효 수명은 평균 5년으로 급격히 단축되었으며, 이는 곧 현재 비즈니스 환경에서 활용되는 지식과 기술의 절반은 향후 5년 내에 모두 쓸모가 없어질 가능성이 크다는 뜻입니다. 특히 AI의 발전 속도를 고려하면 이 기간은 더욱 짧아질 수 있습니다. 한 번 습득한 지식으로 평생을 먹고사는 시대는 종말을 고했습니다.

이찬 저자가 2019년 ATD에서 최초로 제시한 워러밸 개념은 단순한 생존을 넘어 지속적인 성장과 혁신을 위한 결정적 해법으로 주목받고 있습니다. 마이크로소프트 CEO 사티아 나델라Satya Nadella 역시 "우리는 '모두 알자Know-it-all'에서 '모두 배우자Learn-it-all' 조직으로 혁신적 변화를 이루어야 한다"고 강조하면서, 학습이 조직 문화의 핵심축이 되어야 함을 역설했습니다. 특히 AI 시대에는 이 개념이 더욱 중요해집니다.

워러밸의 세 가지
핵심 요소

—

조직과 개인이 워러밸을 안정적으로 받아들이기 위해서는 첫 번째로 업무 자체에서 학습한 내용을 적극적으로 활용할 수 있는 역동적 기회가 주어져야 합니다. 일과 학습이 전략적인 차원에서 통합될 때 개인은 워러밸을 지속할 수 있는 동기부여를 얻고, 조직에서도 현업에서 학습한 내용을 즉시 실전에 적용할 수 있는 환경을 필수적으로 구축해야 합니다.

다음으로 조직 내에서 직원들 사이에 지속적인 학습 문화를 조성하여 학습 민첩성을 체계적으로 실천해야 합니다. 예를 들어, 구글은 업무 시간의 20퍼센트를 업무 외에 다른 일을 하는 데 사용하라고 권장하는 '20퍼센트 규칙'을 통해 학습이 획기적인 업무 혁신으로 이어질 수 있음을 보여주었습니다. 이 정책을 통해 지메일, 구글맵, 구글뉴스 등 혁신적인 서비스들이 탄생할 수 있었습니다.

마지막으로 지속 가능한 성장 모델을 구축하여 개인과 조직이 궁극적으로 하나의 지향점을 가질 수 있도록 전략적인 동반 성장을 추구해야 합니다. 직원에게 학습한 내용을 바탕으로 빠른 성과를 요구하는 대신, 장기적인 관점에서의 역량 개발을 핵심 가치로 우선해야 합니다. 예를 들어, 아마존에서는 '업스킬링 2025' 프로그램을 신설하여 미래 기술 역량 개발에 초점을 맞추었습니다. 10만 명의 임직원을 대상으로 클라우드 컴퓨팅, 머신러닝 등 수요가 높은 주제에 대한 디지털 기술 교육을 적극 지원하고 있습니다.

워러밸을 혁신적으로
실천하는 방법

—

당장 공부를 하겠다고 마음을 먹었더라도 어디서부터 어떻게 시작해야 할지 막막할 수도 있습니다. 따로 시간을 내기가 부담스럽다면 일상의 업무 속에서 의미 있는 배움의 기회를 전략적으로 포착하기를 제안합니다. 예를 들어, 매일 아침 업무를 시작하기 전에 스스로에게 질문을 던져보세요.

'오늘 일을 하면서 무엇을 배울 수 있을까?'
'누구에게 도움을 받을 수 있을까?'
'어떻게 하면 이 업무를 구조적으로 개선할 수 있을까?'

이렇게 의식적으로 학습 포인트를 발굴하다 보면, 평범해 보이던 업무에서도 지금까지는 보이지 않았던 배움의 기회를 발견할 수 있습니다. 앞선 사례에서 김 책임이 자신의 업무와 관련된 작은 목표를 하나씩 세우면서 전체적인 커리어의 방향을 정리해나간 것처럼, 자신의 전문 분야(데이터 분석)와 산업 지식(헬스케어)을 융합하는 방법을 모색하는 것이 핵심입니다.

예를 들어, 팀이 함께 배우는 환경을 조성한 마이크로소프트에서 학습 문화를 체감한 직원은 이렇게 회고했습니다. "처음에는 워러밸이 부담스러웠어요. 업무를 하는 데만도 급급했으니까요. 하지만 아주 작은 것에서부터 시작했습니다. 팀 회의 때 단 5분만이라도 서로 배움을 공유하는 시간을 가져보자고 제안했죠. 놀랍게도 이 작은 시도가 팀 전체 분위기를 바꿔놓았습니다. 이제는 팀원들이 먼저 자발적으로 새로운 아이디어나 배운 점을 공유하곤 합니다."

결정적으로 정기적인 학습 시간을 확보하는 것이 중요합니다. 하루에 30분이라도 충분합니다. 핵심은 길이보다 반복입니다. 아침에 조금 일찍 출근해서 관심 분야의 최신 기사들을 살펴보는 것만으로도 놀라운 변화를 불러올 수 있습니다.

"AI 시대의 균형은 일과 삶을 넘어, 일과 학습의 조합 속에서 만들어진다."

전환 실천 포인트

1. 일상 업무 속에서 AI를 포함한 학습 기회를 찾아낸다.
2. 주간 단위로 학습 시간을 확보하고 디지털 학습 도구를 활용해 꾸준히 실행한다.
3. 학습 목표와 업무 목표를 AI와 연계하여 실질적인 성과를 만든다.
4. 팀 내 학습 공유 문화를 형성하고 AI 관련 인사이트도 함께 나눈다.
5. 피드백을 학습 자산으로 전환하는 루틴을 만든다.

셀프 체크리스트		
전환 실천 포인트	체크 문항	✓
1. 업무 속에서 학습 기회 찾기	매일 업무 중 AI를 포함한 학습 포인트를 의식적으로 찾는다.	☐
	업무 종료 후 배운 점을 간단히 정리하거나 공유한다.	☐
2. 학습 시간 확보하기	일과 중 정기적인 학습 시간을 확보하고 있다.	☐
	학습 목표를 세우고 디지털 학습 도구를 활용해 실천한다.	☐
3. 업무-학습– AI 연계	학습한 내용을 현재 업무에 적용해본 경험이 있다.	☐
	학습 목표와 성과 지표를 연결해 AI로 관리하고 있다.	☐
4. 팀 내 학습 문화 조성	팀원과 학습 내용을 정기적으로 공유하는 시간이 있다.	☐
	동료의 학습에 대해 관심을 가지며 상호 자극을 주고 있다.	☐
5. 피드백 루틴 정착	피드백을 요청하고, 학습 기회로 수용하고 있다.	☐
	피드백을 바탕으로 행동을 개선하고 있다.	☐

예 = 1점, 아니요 = 0점

점수	해석
9~10점	워러밸을 실천하며 업무-학습-AI 적용의 선순환 구조를 만들고 있다.
6~8점	학습 루틴의 기반은 있으나, 실천 빈도나 AI 활용의 연계성은 강화가 필요하다.
0~5점	일과 학습이 분리되어 있다. 기술 변화에 대응하기 위한 새로운 루틴 도입이 필요하다.

요약 가이드

· **잘하고 있습니다**

- 학습 시간을 확보하고 지속적으로 관리하고 있다.
- 학습과 업무 간의 연계가 자연스럽다.
- 팀 내 학습 문화가 자생적으로 형성되어 있다.

· **노력이 필요합니다**

- 업무가 우선되어 학습이 뒷전으로 밀리고 있다.
- 학습한 내용을 실무 적용하지 않거나 평가 기준이 불분명하다.
- 팀과 학습을 공유하지 않거나 개인의 성찰 루틴이 부족하다.

CHAPTER 3

업데이트
Just-in-Time Update
- 적재적소적시 AI 학습 민첩성

빠르게 배우고 적응하는 능력이 성공을 결정한다

"이런 변화를 내가
따라갈 수 있을까요?"

—

이진 지점장(50세)은 15년간 금융업계에서 안정적인 커리어를 유지해왔다. 관계 중심의 영업으로 고객과 신뢰를 쌓았고 탁월한 성과를 내면서 지점장까지 승진할 수 있었다. 그러나 코로나-19 팬데믹과 함께 금융 환경이 급변하면서 위기를 맞닥뜨렸다.

"모든 것이 디지털화되었어요. 지점 방문 고객은 줄고, 모바일 거래가 급증했죠."

"AI와 빅데이터를 활용한 고객 분석이 필수가 되었습니다."

"이제는 AI 기반 분석 모델을 이해하고 활용해야 고객 상담이 가능해졌습니다."

"직원들은 기술 변화에 적응해가는데, 저는 점점 뒤처지는 느낌이었어요."

방문 고객 응대와 금융 상품 판매에 익숙했던 이 지점장은 그동안 쌓아온 경험과 노하우가 하루아침에 가치를 잃는 듯했다. 그는 저자에게 "미래에는 가장 똑똑한 사람이 아니라, 가장 빠르게 학습하는 사람이 승자가 될 것"이라는 조언을 듣고 충격을 받았지만, 곧 자신의 위기 상황을 직시했고 이제 그만 두려움을 접고 변화하기로 결심했다.

적응이 아닌 자발적 변화
: 학습 민첩성의 발견
—

이 지점장은 스스로에게 솔직한 질문을 던졌다.

'나는 새로운 기술을 배울 수 없는 걸까, 아니면 단지 배우기가 두려운 걸까?'

그는 과감한 선택을 감행했다. 먼저 회사에서 임직원에게 제공하는 디지털 역량 강화 프로그램에 자원했다. 신입사원부터 다양한 연령대의 직원들과 함께 배우면서, 모르는 부분은 다른 직원들에게 거리낌 없이 질문하고 도움을 요청했다. 그것만으로는 부족해서 주말에는 데이터 분석 관련 온라인 강의도 수강했다.

물론 처음에는 생소한 용어와 개념을 익히면서 좌절도 했지만, 그럼에도 포기하지 않았다. 일단 하루에 15분씩 공부에 투자하는 데에서부터 시작했다. 수험생 때처럼 새로 배운 개념들을 하나하나 외워가며 작은 성공 경험을 쌓아 자신감을 채웠다. 디지털 시스템에 적응하기가 쉽지 않았지만, 천천히 연습하며 실수해도 주눅 들지 않았다.

그렇게 6개월이 지나자, 놀라운 변화가 일어났다. 이 지점장은 다른 직원들의 도움 없이도 고객 데이터를 분석해 맞춤형 금융 상품을 제안할 수 있게 되었다. 지점 방문이 어려운 고객들과도 대면 상담 없이 온라인 미팅을 통해 신뢰 관계를 쌓아나갔다. 이제 그는 15년간의 금융 노하우에 새롭게 습득한 디지털 역량까지 더해져 누구보다 독보적인 경쟁력을 갖게 되었다. 이 지점장은 깨달았다.

"나이나 직급은 학습의 장애물이 아니었습니다. 제 마음속 두려움과 '이미 충분히 알고 있다'는 착각이 진짜 장애물이었습니다."

안전지대를 벗어날 때
성장할 수 있다

—

우리는 익숙한 것을 선호합니다. 현재 업무는 손에 익어 편하고, 익숙한 환경에서는 실수를 줄일 수 있기 때문입니다. 하지만 학습 민첩성learning agility은 익숙한 환경에서 벗어날 때 비로소 발현됩니다. 학습 민첩성이란 새로운 변화에 빠르게 대응하는 역량으로, 경험으로부터 배우고 낯선 상황에 효과적으로 적용하는 능력을 의미합니다. 이는 새로운 지식을 습득하는 일에서 그치지 않고, 경험을 통해 배우고 그것을 달라진 상황에 창의적으로 적용하는 역량입니다.

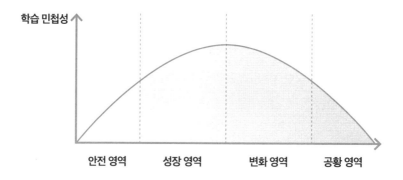

- **안전 영역**comfort zone: 익숙하고 편한 영역. 성장 없이 반복적인 업무만 수행하는 구간.
- **성장 영역**learning zone: 새로운 것을 배우고, 도전하면서 성장하는 영역. 적절한 도전과 지원이 있는 구간
- **변화 영역**transformative zone: 사고방식이 전환되고, 새로운 가능성을 발견하는 영역. 기존 패러다임이 깨지는 구간
- **공황 영역**panic zone: 압박이 지나쳐 학습보다 생존이 우선되는 영역. 학습이 일어나지 않는 구간

학습 민첩성을 키우기 위해서는 성장 영역과 변화 영역 사이에 머물러야 합니다. 이때 너무 어려운 도전은 오히려 좌절감을 주지만, 적절한 도전은 개인과 조직을 자극하여 성장으로 나아가게 합니다. 이 지점장은 안전 영역에서 벗어나 성장 영역으로 진입했고, 점차 변화 영역까지 확장하면서 자기인식을 통해 기존 능력치의 한계를 넘어설 수 있었습니다. 맥킨지의 연구에 따르면, 학습 민첩성이 높은 리더는 그렇지 않은 리더보다 조직의 성과를 세 배 더 높이는 것으로 나타났습니다.

학습 민첩성의
여섯 가지 차원

—

학습 민첩성은 배우는 영역에 따라 다음 여섯 가지 차원으로 나눌 수 있는데, 이는 모두 유기적으로 연결되어 있어서 한 분야도 빠트리지 않고 각 차원을 균형 있게 발전시키는 것이 중요합니다.

• **사고 민첩성**mental agility
  - 복잡한 문제를 다양한 각도에서 바라보는 능력
  - 기존 틀을 깨고 새로운 관점으로 사고하는 능력

- **대인 민첩성**people agility

  - 다양한 사람들과 효과적으로 협업하는 능력

  - 갈등을 건설적으로 해결하고 나와 다른 관점도 수용하는 능력

- **변화 민첩성**change agility

  - 변화를 두려워하지 않고 적극적으로 수용하는 능력

  - 불확실성 속에서도 새로운 기회를 포착하는 능력

- **결과 민첩성**results agility

  - 어려운 상황에서도 성과를 달성하는 능력

  - 처음 접하는 문제도 창의적으로 해결하는 능력

- **자기인식 민첩성**self-awareness

  - 자신의 강점과 한계를 정확히 인식하는 능력

  - 피드백을 수용하고 지속적으로 성장하는 능력

- **기술 민첩성**technical agility

  - AI 도구를 목적에 맞게 활용하고 빠르게 습득하는 능력

  - AI에게 적절한 지시를 내리고 원하는 결과를 이끌어내는 능력

앞선 사례에서 이 지점장은 이 중에서도 특히 변화 민첩성과 자기 인식 민첩성, 기술 민첩성을 탁월하게 발휘했습니다. 팬데믹에 따라 달라진 업무 환경에 기민하게 반응했고, 자신에게 부족한 새로운 지식을 습득하는 데에 두려움 없이 적극적으로 도전했습니다.

관리자가 직원들과 같은 시작점에 서기란 생각보다도 쉽지 않은 일입니다. 그러나 요즘 같은 업무 환경이라면 어떤 분야에서는 관리자가 더 뒤처져 있을 때도 비일비재할 것입니다. 이것은 당연한 일이며 더 이상 피할 수 없습니다. 그래서 관리자들에게는 더욱 빠른 판단과 실행력이 필요합니다. 다른 사람들이 주저하고 있는 동안 내가 먼저 발을 떼야 합니다.

학습 민첩성을 키우는
조직 전략

—

지멘스는 변화하는 세계에서 경쟁력을 유지하기 위해 '스킬업 챌린지 Skill UP! Challenge'라는 학습 프로그램을 도입했습니다. 처음에는 30일 챌린지로 시작했으나 큰 성공을 거두어 60일 챌린지로 확장되었습니다. 이 프로그램은 직원들이 다양성과 포용성, 감성 지능 리더십, 프로젝트 관리 등 열두 가지 핵심 역량을 개발하고, '스킬스 클

럽Skills Club'이라는 커뮤니티 기반 학습 세션을 통해 동료 간 학습을 촉진합니다. 아세안ASEAN 지역 6개국에서 진행된 이 프로그램은 경영진의 인정과 보상을 통해 동기부여를 제공하며 지속적인 학습 문화를 형성하는 데 크게 기여했습니다. 학습 민첩성에 주목하여 세계의 예측 불가능성에 대비하기 위해 직원들에게 지속적인 학습 사이클을 구현하는 프로그램을 통해 교육 효과를 확인한 것입니다.

비즈니스는 미래의 일과 기술이 얼마나 진화하는가에 크게 영향을 받습니다. 이미 향후 5년에서 10년 내에 현재 일자리가 100퍼센트 달라질 것이라고 믿고 있는 리더들이 많습니다. 지금 우리에게 절실한 능력은 배우고 버리고 다시 배우는 능력입니다.

애니메이션 스튜디오 픽사는 심리적 안전감psychological safety을 바탕으로 한 브레인트러스트braintrust 미팅 문화를 만들었습니다. 이 미팅에서는 모든 참가자가 직급과 상관없이 프로젝트에 대해 솔직하고 건설적인 피드백을 제공합니다. 중요한 규칙은 단 하나, 사람이 아닌 프로젝트를 비판하는 것입니다.

픽사에서 이 시스템이 처음 도입된 것은 영화 〈토이 스토리 2〉였습니다. 이 영화는 원래 완전히 다른 이야기로 제작 중이었으나 브레인트러스트에서 솔직한 피드백을 받고 거의 처음부터 다시 만들어졌습니다. 실패를 용인하는 사내 문화가 아니었다면, 이미 많은 시간과 비용이 투자된 프로젝트를 전면 수정하기는 어려웠을 것입니다.

사티아 나델라 역시 "성공의 핵심은 얼마나 많이 알고 있느냐가 아니라, 얼마나 빨리 배울수 있느냐에 달려 있다"고 강조했습니다. 특히 AI 시대에는 단순 지식보다 적시에 필요한 지식을 AI와 함께 업데이트하고, AI와 협업하는 능력이 중요해졌습니다. 이것이 바로 '적재적소적시 AI 학습 민첩성'의 핵심입니다.

실패를 용인하는 문화가
학습 민첩성을 높인다

—

직원들이 실패를 두려워하지 않게 하기 위해서는 실패도 학습 경험으로 재정의해야 합니다. 새로운 시도와 아이디어를 적극 지원하는 분위기를 조성해서 직원들에게 회사라는 울타리 안에서 실험과 도전을 장려하는 것입니다. 앞서 말한 브레인트러스트와 같이 솔직한 피드백 문화는 건설적인 비판과 개방된 소통을 촉진하는 순기능을 갖고 있습니다.

구글 역시 '특별한 성과를 내는 팀은 무엇이 다른가?'라는 질문으로 시작한 아리스토텔레스 프로젝트를 통해 팀 성과를 결정하는 가장 중요한 요소가 심리적 안전감인 것을 확인했습니다. 팀원들이 자유롭게 의견을 제시하고 실험할 수 있는 환경에서 학습 민첩성은 크게 향상되고, 이는 팀의 혁신과 성과로 이어집니다.

학습 민첩성 실천 5단계

—

- 1단계: 경험에 노출되기
  - 의도적으로 새로운 상황이나 도전, 문제를 마주하기
  - 안전 영역을 벗어나 성장 영역으로 진입하기
  - 낯선 디지털 기술이나 전문 지식을 경험하고 습득하기

- 2단계: 실험하고 실천하기
  - 새로운 아이디어와 접근법을 직접 시도해보기
  - 실수하더라도 두려워 말고 반복해서 도전하기
  - 작은 목표부터 성취감을 쌓으며 경험하기

- 3단계: 성찰하고 피드백 받기
  - 경험을 통해 배운 것을 깊이 성찰하기
  - 피드백을 적극적으로 요청하고 수용하기
  - 매일 5분, 학습 일지 작성하기

- **4단계: 개념화하고 통합하기**
  - 배운 내용을 자신의 기존 지식체계와 연결하기
  - 패턴과 원칙을 찾아 더 넓은 맥락에 적용하기
  - 얻은 통찰을 나만의 언어로 정리하기

- **5단계: 적용하고 전파하기**
  - 학습에서 배운 내용을 실제 업무에 적용하기
  - 배운 내용을 동료들과 공유하기
  - 학습 내용을 우리 팀의 자산으로 만들기

이 5단계를 따라 학습한 내용을 업무에 적용하고 다시 새로운 경험에 노출시키면서 다시 처음으로 돌아가는 지속적인 선순환이 학습 민첩성의 핵심이라고 할 수 있습니다.

세상은 빠르게 변하고 있습니다. 특히 AI는 우리가 학습하는 방식 자체를 변화시키고 있습니다. 이제 중요한 것은 모든 것을 다 알고 있는 것이 아니라, 적시에 AI와 함께 학습하고, 적소에 업데이트할 수 있는 민첩성입니다. 변화에 적응할지, 아니면 뒤처질지는 이 능력에 달려 있습니다. 실패를 두려워하지 말고, 오히려 배움의 기회로 삼으세요. 진정한 실패는 도전하지 않는 것입니다. 지금 바로 시작하세요.

"빠르게 배우고 민첩하게 적용하는 능력이 전환 시대의 핵심 역량이다."

전환 실천 포인트

1. 변화와 불확실성을 AI 시대의 학습 기회로 인식한다.
2. 정기적이고 다양한 학습 루틴을 실행하며, 필요에 따라 AI 도구를 활용한다.
3. 피드백을 능동적으로 요청하고 성장에 활용한다.
4. 안전 영역 밖에서 새로운 도전을 시도하고, AI 기반 실험을 두려워하지 않는다.
5. 학습 내용을 동료 및 조직과 공유하고, AI 기반 인사이트도 함께 확산한다.

셀프 체크리스트		
전환 실천 포인트	체크 문항	√
1. 변화 수용과 학습 인식	변화 상황을 배움의 기회로 인식한다.	☐
	실패를 성찰과 성장을 위한 경험으로 본다.	☐
2. 학습 루틴 실행	정기적으로 개인 학습 시간을 확보한다.	☐
	다양한 방식(독서, 강의, AI 도구 등)으로 학습을 병행한다.	☐
3. 피드백 활용력	피드백을 자발적으로 요청하고 수용한다.	☐
	피드백이나 AI 기반 리포트를 통해 행동을 개선한다.	☐
4. 도전과 실험	안전한 업무 방식을 넘어 새로운 방식에 도전해봤다.	☐
	새로운 시도가 실패로 끝났어도 배우는 기회로 삼았다.	☐
5. 학습 공유와 확산	내가 배운 내용을 팀원들과 공유한 경험이 있다.	☐
	조직의 학습 문화 형성에 기여하며, AI 학습 사례도 함께 나눈다.	☐

예 = 1점, 아니요 = 0점

점수	해석
9~10점	변화 대응에 매우 능동적이며, 학습과 AI 활용이 자연스럽다.
6~8점	기초는 형성되어 있으나 도전과 공유, AI 연계 측면에서 강화가 필요하다.
0~5점	학습 민첩성이 낮은 상태로, 루틴 정비와 AI 도구 활용, 피드백 수용력이 필요하다.

요약 가이드

· **잘하고 있습니다**
- 불확실성과 실패를 성장 기회로 해석한다.
- 정기적인 학습 루틴을 운영하고, 다양한 방식으로 실천한다.
- 피드백을 환영하고 행동으로의 전환이 습관적으로 이루어진다.

· **노력이 필요합니다**
- 학습 시간이 부족하거나 일회성으로 끝난다.
- 실패를 두려워하거나, 도전 자체를 회피한다.
- 학습한 내용을 조직과 공유하지 않고 확산하려는 노력이 부족하다.

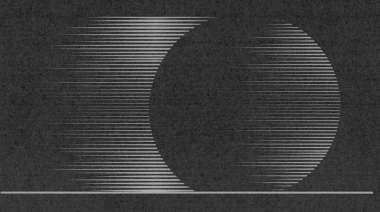

CHAPTER 4

AI 내비게이션
AI Navigation

- AI 리터러시와 디지털 내비게이션

디지털 전환의 필수 과제, 탤런트 전환

"AI가 절 대체하게 될까요?"

—

김진영 이사(55세)는 다이어트 전문 기업에서 20년 넘게 고객 컨설팅을 담당하며 누구보다 뛰어난 영업 실적을 올려왔다. 고객과 직접 이야기를 나누며 수집한 데이터로 고객의 성향을 분석하고 맞춤형 솔루션을 제안하는 능력이 탁월했다. 특히 정서적인 지원을 병행하며 고객 만족도를 극대화하는 방식으로 충성 고객을 유치해왔다. 그러나 최근 몇 년 전부터 회사가 AI 기반의 고객 데이터 분석 시스템을 도입하면서 상황이 급격히 달라졌다.

고객 상담을 AI가 대신하게 되면서 고객과 직접 소통할 일이 줄어들었고 김 이사는 오랜 경험과 노하우를 발휘할 기회가 축소되었다. 실적은 자연히 줄어들었고, 오랫동안 몸담은 회사에서 자신이 불필요한 존재가 된 것 같아 충격을 받았다. 이제 회사는 시대의 흐름에 맞춰 AI가 고객을 분석하고 맞춤형 컨설팅을 자동으로 제공하는 시스템을 도입하고 있었다.

김 이사는 고민 끝에 상사에게 면담을 요청했다.

"이제 저 같은 사람은 필요 없다는 뜻인가요?"

대표는 뜻밖의 대답을 내놓았다.

"아니요. 이제 이사님의 역할이 달라지는 거죠. 고객을 직접 만나 컨설팅하던 기존 방식에서 벗어나, AI 프로그램의 도움을 받아 더 효율적으로 컨설팅하는 방향으로 나아가야 합니다. 이사님뿐 아니라 우리 회사의 다른 직원들 모두가 마찬가지입니다. 단순히 디지털 도구를 익히는 것이 아니라, 탤런트talent를 새로운 방식으로 전환transformation하길 바랍니다."

이 말은 단순히 디지털 기술을 활용하는 문제를 넘어, 김 이사가 회사에서 자신의 역할을 재정의해야 하는 시기가 도래했음을 의미했다. 회사는 AI로 김 이사를 대체하려는 것이 아니라, 그가 더 잘 일할 수 있도록 능력을 증폭시켜줄 도구로 활용할 것을 기대한 것이다. 이후 그는 AI 기반 고객 분석 시스템을 적극적으로 배우기 시작했다. 연령, 성별, 체형 등 수십 가지 고객 데이터를 조합한 자료에 자신의 노하우를 더해 한층 정교한 맞춤형 컨설팅을 익혔다. 또한 AI로는 부족한 고객과의 대화를 보완하기 위해 낯선 디지털 소통 기술을 익혔다. AI가 도출해낸 건강 관리 및 다이어트 솔루션을 고객 맞춤형으로 업그레이드하는 노하우도 개발했다.

물론 초기에는 변화에 적응하는 데 시간이 필요했다. 고객을 직접 만나지 않는 방식이 낯설었고, 디지털 도구를 활용하는 것도 일일이 배워나가야 했다. 그러나 조직은 김 이사를 믿고 리스킬링reskilling하도록 학습 기회를 제공하고 기다려주었다.

디지털 리터러시의 본질
: 기술보다 태도

—

디지털 시대에는 디지털 도구를 잘 다루는 것도 중요하지만, 이를 통해 자신의 역량과 역할을 확장하는 것이 더 중요합니다. '디지털 리터러시digital literacy'라는 개념이 자주 들려오는데, 이는 디지털 문해력이라고도 합니다. 디지털 기술을 이해하고 활용하는 능력뿐 아니라, 새로운 기술을 학습하고 적응하는 태도를 포함하는 개념입니다. 즉 변화에 대한 열린 자세와 유연한 사고방식이 디지털 시대의 핵심 역량이 된다는 뜻입니다.

디지털 리터러시를 갖춘 사람은 새로운 기술을 두려워하지 않고 적극적으로 학습합니다. 새롭게 알게 된 지식을 자신의 업무와 강점에 맞게 창의적으로 활용할 수 있습니다. 또한 디지털 도구를 통해 업무 생산성을 높이고 새로운 기회를 창출합니다. 김 이사의 사례처럼, 기존의 업무 방식이 디지털 기술로 변화할 때는 3단계 계단식 전환이 이루어져야 합니다.

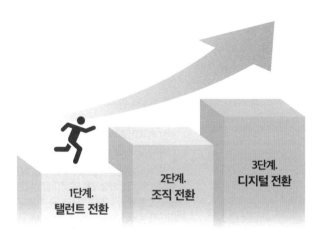

성공적인 변혁을 위한 계단식 접근

1단계.
탤런트 전환

2단계.
조직 전환

3단계.
디지털 전환

• **1단계: 탤런트 전환**talent transformation

디지털 환경에 적응하는 데 첫 번째이자 가장 중요한 단계로, 구성원들의 마인드셋과 역량을 변화시키는 것부터 시작합니다. 김 이사처럼 자신의 역할과 가치를 재정의하고, 새로운 환경에 적응할 수 있도록 리스킬링과 업스킬링upskilling을 돕습니다. 탤런트 전환은 네 가지 업스킬링&리스킬링 시기로 이루어집니다.

탤런트 전환을 위한 네 가지 시기(업스킬링&리스킬링 타이밍)		
1차 시기	직무 분석 job analysis	존재하는 조직 내 모든 직무 활동을 분석하여 업무 현황을 파악하여 기록한다.
2차 시기	직무 맵핑 job mapping	직무 분석 결과를 토대로 향후 지속적으로 인간이 수행할 업무와, 인공지능이나 휴머노이드가 대체할 업무를 구분하여 정리한다.
3차 시기	직무 재설계 job redesign	지속적으로 인간이 수행할 직무들일지라도, DX에 따른 효율성과 효과성 향상을 위하여 직무 수행 방식을 업데이트한다. 이러한 직무 재설계 과정 속에서 업스킬링 인터벤션이 진행되어야 한다.
4차 시기	직무 창조 job creation	인공지능이나 휴머노이드에 대체된 기존 직무 수행자들은, DX 과정에서 신설되는 AI 모니터링, AI 활용 컨설팅 등 고부가가치 신규 직무를 수행할 수 있도록 리스킬링을 받아야 한다. 이 과정을 통해 기업은 인력 구조조정 없이 개인의 부가가치와 조직의 생산성을 동시에 높일 수 있다.

· **2단계: 조직 전환** organizational transformation

개인의 변화를 기반으로 조직 개편을 포함한 사업 구조, 업무 프로세스, 조직 문화 전반을 재설계합니다. 개인의 새로운 역량이 시너지를 발휘할 수 있는 환경을 만드는 단계입니다.

· **3단계: 디지털 전환** digital transformation

인재와 조직이 준비된 상태에서 지속 성장이 가능한 사업의 체질 개선을 위하여 디지털 기술을 도입하고 활용합니다.

안정적인 디지털 혁신은 사람에서 조직, 디지털의 순서로 이루어져야 합니다. 이는 마치 계단을 오르는 것과 같은 순차적 과정입니다. 많은 기업들이 기술을 먼저 도입한 후 조직과 인재를 적응시키려 하지만, 김 이사의 사례에서 보듯 계단을 올바른 순서로 오를 때 실질적인 가치 창출로 이어질 수 있습니다.

효과적인 탤런트 전환을 위한
세 가지 핵심 요소
—

1. 기술 연구와 개발 조직

무작정 최신 기술을 도입하고서 직원들이 알아서 적응하기를 기다리기보다 해당 기술이 실제 업무와 어떻게 연결되는지 알려줘야 합니다. AI 도입 이전에 그 기술을 직원들의 실제 업무에 어떻게 활용할 수 있는지 구체적인 시나리오를 개발하고, 직원들과 이를 명확히 소통한다면 초기 저항과 혼란을 줄일 수 있습니다.

2. 리스킬링&업스킬링을 통한 고용 안정성 확보

직원들이 새로이 맡게 되는 업무 역량을 다시 쌓고reskilling 현재 기술에 대한 역량을 높이는 학습upskilling을 권장하기 위해서 우선

AI가 자신의 위치를 위협하지 않는다는 고용 안정성에 대한 신뢰가 필요합니다. 조직은 직원들이 새로운 기술에 적응할 수 있도록 체계적인 교육 프로그램을 제공하고, 직무 전환에 필요한 역량을 키울 수 있는 기회를 제공하고 시간을 확보해주어야 합니다.

김 이사 역시 AI 시스템에 대한 교육을 받고 새로운 기술을 활용한 컨설팅 방법을 배우면서 자신의 고용이 위협받는 것이 아니라 오히려 개인과 조직의 부가가치가 동반 성장한다는 사실을 깨달았습니다. 이는 결국 그가 새로운 방식에 적응하고 더 높은 성과를 낼 수 있게 한 핵심 요인이었습니다.

3. 직무 확대와 직무 충실화 방안 필요

디지털 전환은 결과적으로 단순 반복적인 업무는 자동화하고, 인간은 더 창의적이고 복잡한 업무에 집중하게 합니다. 그래서 이때 직원들의 직무 범위를 확장job enlargement하고, 업무의 질적 수준을 고도화하는job enrichment 방안이 필요합니다.

김 이사의 경우, 고객과의 상담을 통해 서비스를 제안하는 역할에서 AI가 분석한 데이터를 바탕으로 더 전략적인 고객 맞춤형 컨설팅을 제공하는 역할로 직무가 확장되고 충실화되었습니다. 이는 그의 직무 만족도를 높이고, 전략적으로 개인과 조직의 성과 창출로 이어졌습니다.

조직에게 바라는
버퍼링 기간

—

많은 기업이 디지털 전환을 표방하지만, 이를 위한 전제 조건은 탤런트 전환입니다. 디지털보다 사람이 먼저 변해야 하는 이유는 기술이 바뀌어도, 이를 도입하고 활용하는 것은 결국 사람이기 때문입니다. 디지털 혁신이 성공하려면 사람의 역할과 역량의 변화가 선행되어야 합니다. 탤런트 전환 없이 디지털 전환을 먼저 시도하면 조직은 오히려 혼란에 빠지기 쉽습니다.

직원이 새로운 기술을 배우고 역할을 조정하는 과정에서 초기 성과가 일시적으로 하락할 가능성이 있습니다. 그러나 조직이 이 버퍼링 기간을 충분히 지원한다면 탤런트 전환이 궤도에 올라오는 순간 시너지 효과가 발생하면서 성과가 증폭됩니다. 조직은 단기적 성과 하락을 두려워하지 말고 구성원이 새로운 기술에 적응할 시간을 충분히 줘야 합니다. 기술 변화보다 사람의 변화를 우선적으로 지원한다면 이 과정에서 조직이 얼마나 인내하고 기다릴 수 있느냐에 따라 디지털 혁신의 성패가 갈립니다.

"디지털 전환보다 중요한 것은 탤런트 전환이다 – 지식과 기술 못지않게 태도가 미래를 만든다."

전환 실천 포인트

1. 디지털 기술과 AI를 학습할 수 있다는 자기 효능감을 강화한다.
2. 기존 역량과 디지털 도구, AI 기능을 연결하여 시너지를 창출한다.
3. 낯선 기술에 열린 태도로 접근하고 AI 도구도 탐색한다.
4. AI·자동화 도입 상황에서도 자신의 가치와 역할을 재정의한다.
5. 디지털 시대에 적합한 협업·소통 방식을 익히고 실천하며 AI를 보조수단으로 활용한다.

셀프 체크리스트		
전환 실천 포인트	체크 문항	✓
1. 자기 효능감 강화	새로운 디지털 도구에 대해 "배울 수 있다"는 자신감이 있다.	☐
	기술 활용이 서툴러도 포기하지 않고 시도해본다.	☐
2. 기존 역량과 디지털 연계	기존 업무 노하우를 디지털 도구 또는 AI와 연결해본 적이 있다.	☐
	기술이나 AI가 내 강점을 보완해줄 수 있다고 생각한다.	☐
3. 열린 태도	새로운 기술이나 플랫폼에 거부감 없이 적응하려 한다.	☐
	업무에 도움이 되는 새로운 앱/툴을 스스로 탐색해본다.	☐
4. 역할 재정의	자동화나 AI 도입 시 내 역할을 재정의하려 노력한다.	☐
	기술 변화 속에서 내 경험과 전문성의 가치를 이해하고 있다.	☐
5. 디지털 소통 역량	디지털 환경에서의 소통(화상회의, 채팅 등)에 능숙하다.	☐
	원격 협업 시에도 신뢰와 연결감을 유지하려 노력한다.	☐

예 = 1점, 아니요 = 0점

점수	해석
9~10점	디지털 리터러시와 AI 활용 기반의 업무 전환 역량이 매우 뛰어나다.
6~8점	기본 태도는 긍정적이나, 실천과 역할 재정의, AI 연계 측면에서 강화가 필요하다.
0~5점	디지털 적응력이 부족한 상태다. 작은 성공 경험부터 시작해서 AI 도구도 함께 익혀보자.

요약 가이드

· 잘하고 있습니다
- 기술과 AI 학습에 대한 두려움이 없고, 스스로 탐색하며 사용한다.
- 기존 강점과 디지털, AI 역량을 연결해 부가가치를 만든다.
- 변화 속에서 자신의 역할과 정체성을 유연하게 재정의한다.

· 노력이 필요합니다
- 디지털 도구나 AI에 대한 두려움이나 회피 경향이 있다.
- 기술이 내 일을 대체한다고 생각하며 위축되어 있다.
- 소통과 협업 도구의 사용이 미숙하거나 AI 기반 커뮤니케이션 방식에 어려움이 있다.

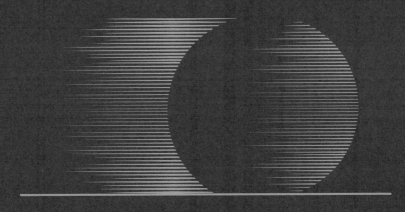

CHAPTER 5

AI 집단지성
AI Collective Intelligence
- AI와 협업하는 시너지 효과

AI와 협업하는 리더의 조건

"AI는 두려운 존재인가?
아니면 나를 성장시킬 기회인가?"

—

"AI가 제 일자리를 빼앗게 될까요?"

"AI가 너무 어렵게 느껴지는데, 꼭 배워야 하나요?"

"AI를 도입하면 정말 매출이 더 좋아질까요?"

많은 직장인과 리더들이 AI 도입을 앞두고 불안감을 느끼고 있습니다. 특히 경력이 많고 기존의 업무 방식에 익숙한 사람일수록 변화 과정 속에서 잃을 것이 더 많고 새로운 기술도 익혀야 하며, 심지어는 역할 자체가 달라질 수 있기 때문입니다.

그러나 우리는 과거에도 같은 고민을 반복해왔습니다. 컴퓨터가 등장했을 때, 사람들은 직접 손으로 문서를 작성하던 방식이 사라질까 봐 걱정했습니다. 스마트폰이 보급되었을 때, 기존의 업무 방식이 완전히 달라질까 봐 걱정했습니다. 인터넷 뱅킹이 도입되었을 때, 내 계좌가 해킹될까 염려했습니다.

지금 우리는 컴퓨터 없이, 인터넷 없이, 스마트폰 없이 업무를 한다는 것은 상상할 수도 없는 시대에 살고 있습니다. AI도 마찬가지입니다. AI는 우리의 경쟁자가 아니라, 우리가 더 효율적으로 일할 수 있도록 협업하는 도구입니다. 이제 질문을 바꿔볼 필요가 있습니다.

'AI가 도입되면 나는 어떻게 일해야 할까?'
'AI보다 상대적 우위에 있는 인간 고유의 역량은 무엇일까?'
'인간의 경쟁력을 높이기 위한 AI와의 협업 방식은 무엇일까?'

이 변화를 가장 효과적으로 활용하는 사람이 AI 시대를 이끄는 리더가 될 것입니다.

"AI가 건설업을 바꿀 수 있을까?"

—

허진영 상무(47세)는 K 건설의 수완이 뛰어난 건설 전문가로, 해외 유학까지 다녀온 전략 기획 전문가다. 그는 AI가 건설업의 패러다임을 바꿀 것이라고 확신하고 있었다. 하지만 K 기업은 기존의 경험과 관습을 중시하는 보수적인 대형 건설사라서 그들에게 AI 도입은 비용만 많이 들고, 실효성이 검증되지 않은 실험적 시도로 여겨졌다.

"건설업은 여전히 경험이 중요한데, AI가 정말 필요할까요?"

"우리 회사는 기존 방식으로도 충분히 성과를 내고 있습니다. 보안도 위험해요. 더 큰 위기를 초래할 수 있습니다."

"AI를 도입한다고 해서 건설 프로젝트가 저절로 성공하는 건 아니잖아요?"

허 상무는 AI가 그저 디지털 기술이 아니라 해외 시장에서 K 기업이 경쟁력을 갖추기 위한 필수 요소라고 판단했지만, 보수적인 조직을 설득하는 것은 기술을 익히는 것보다 더 어려운 과정이었다. 그러나 그는 여기서 물러나지 않았다. 그의 목표는 AI를 활용해 글로벌 시장에 진출하는 것이었다. 해외 경쟁사들은 이미 AI 기반 데이터 분석을 활용해 리스크를 최소화하고 있었다. 빠른 의사결정과 효율적인 프로젝트 운영이 핵심 경쟁력이었다. 그래서 허 상무는 세 가지 전략을 실행했다.

1. AI 도입을 대비한 팀 개발 및 내부 교육

허 상무는 먼저 AI에 대한 내부 역량을 키우는 것부터 시작했다. 먼저, 팀에 AI 교육 프로그램을 도입하여 AI 기술의 기본 원리부터 건설 프로젝트 적용 사례까지 학습하게 했다. 데이터 분석 및 AI 기반 의사결정 훈련을 진행한 이후에 학습한 내용을 바탕으로 파일럿 프로젝트를 진행했다. 기존 프로젝트의 일부를 AI 시스템과 비교 분석하여 AI의 실질적인 효과를 검증하고 피드백을 수집했다.

허 상무의 체계적인 교육 과정을 밟은 팀원들은 AI 기술을 익히면서 낯선 디지털 시스템에 대한 두려움을 줄이고 AI가 업무를 도와주는 도구임을 체득하기 시작했다.

2. 경영진 설득을 위한 데이터 기반 접근 방식

AI 도입을 결정하는 것은 결국 임원의 역할이다. 허 상무는 궁극적으로 보수적인 경영진을 설득하기 위해 데이터 기반 접근 방식을 선택했다. 먼저 임원들을 설득하는 데 가장 큰 무기인 비용을 분석했다. 기존 프로젝트와 AI 적용 프로젝트를 비교 분석한 결과, AI를 활용한 경우에 비용이 15퍼센트 절감됐고 프로젝트 일정도 20퍼센트 단축되었다. 리스크 예측 정확도 역시 35퍼센트 향상되었다. AI를 적극적으로 도입한 해외 건설사 사례와 비교하여 AI 기반 의사결정이 해외 프로젝트 성공률을 높인 데이터를 제시하자 처음에는 회의적이었던 경영진도 결국 AI 도입을 승인했다.

3. 조직 문화 전환을 위한 '작은 성공' 확산 전략

AI 기술 도입은 단순히 시스템의 문제가 아니라 '사람의 변화'를 요구한다. 허 상무는 보수적인 조직 문화를 직접적으로 바꾸기보다는, 구성원들이 스스로 변화의 필요성을 체감할 수 있도록 '작은 성공 경험'을 설계했다.

그는 우선적으로 AI를 적용한 파일럿 프로젝트 중 성과가 가장 우수했던 사례를 중심으로, 내부 설명회와 브라운백(Brown Bag, 점심시간에 하는 캐주얼 미팅) 세션을 개최해 팀원들이 직접 효과를 학습하도록 공유했다. 이때 성공의 주인공은 팀장이나 상무가 아닌 실무자들이었다. 이를 통해 "AI는 우리의 경쟁자가 아니라 도우미"라는 인식이 조직에 퍼지기 시작했고, 실무자 중심의 자발적인 학습 모임도 자연스럽게 만들어졌다.

이후 허 상무는 이 작은 성공 경험을 사내 인트라넷, 사보, 전사 타운홀 등을 통해 전파하며, AI를 통한 변화가 조직 전체의 기회로 받아들여지도록 했다. 이러한 접근은 강제적인 변화가 아닌, 자발적 전환의 심리적 안전지대를 만든 것이다. 결과적으로 K사는 건설업이라는 전통 산업에서도 AI 기반 프로젝트 운영 역량을 갖춘 기업으로의 전환을 시작할 수 있었고, AI 파일럿 프로젝트의 확대와 동시에 신시장 수주 경쟁력도 확보하게 되었다.

AI 도입을 위한 팀의 협력과 조직 설득
: 팀 퍼포먼스 모델 적용

—

AI를 조직에 효과적으로 도입하기 위해서는 먼저 팀이 AI를 수용하고 활용할 수 있는 환경을 조성해야 합니다. AI는 기존의 업무 방식과 조직 문화를 바꾸는 요소이기 때문에 팀 내부의 협력뿐만 아니라 조직 전체를 설득하는 과정도 필요합니다.

허 상무는 AI를 활용한 해외 시장 개척을 추진할 때, 드렉슬러 Drexler/시벳 Sibbet의 팀 퍼포먼스 모델을 적용하여 TF팀을 조직하고 AI 도입을 위한 기반을 구축함으로써 경영진을 설득하는 데 성공했습니다. 이 모델은 팀 형성과 지속적인 성과 창출을 위한 7단계 프로세스를 제시하며, AI 도입과 같은 조직 혁신 과정에 효과적으로 적용할 수 있습니다. 허 상무의 사례에 대입하여 적용 방법을 자세히 알아보겠습니다.

1단계: 오리엔테이션

- **핵심 질문:** 우리는 왜 AI를 도입하는가?
- **실행 전략:**
  - 해외 시장 개척을 위해서는 데이터 기반 의사결정이 필수불가결하다는 점을 강조합니다.
  - AI가 기존의 건설 프로젝트를 관리하고 리스크를 분석하는 데 필요한 이유를 팀원들에게 설명합니다.
- **성공적 실행 요소:**
  - AI 도입의 이유를 명확히 설명하고, 조직 전체에 비전을 공유합니다.
  - 데이터 기반 의사결정의 효과와 해외 진출 등 비즈니스 목표를 연

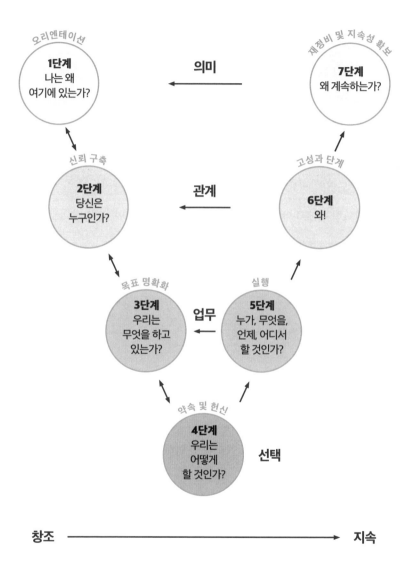

드렉슬러/시벳 팀 퍼포먼스 모델 7단계

오리엔테이션

1단계
나는 왜
여기에 있는가?

의미

재정비 및 지속성 확보

7단계
왜 계속하는가?

신뢰 구축

2단계
당신은
누구인가?

관계

고성과 단계

6단계
와!

목표 명확화

3단계
우리는
무엇을 하고
있는가?

업무

실행

5단계
누가, 무엇을,
언제, 어디서
할 것인가?

약속 및 헌신

4단계
우리는
어떻게
할 것인가?

선택

창조 ──────────────────→ 지속

결합니다.

- **현실적 도전:**

  - 기존 방식에 익숙한 직원들은 조직의 변화를 강요하는 것으로 인식할 수 있습니다.

  - 리더의 성향에 따라 AI 도입이 강압적으로 추진될 경우 반발이 발생할 수 있습니다.

- **적용 사례:**

  AI 도입의 필요성을 강조하며, 이는 해외 시장 개척을 위한 핵심 경쟁력임을 조직에 전달했습니다. 하지만 보수적인 조직 문화로 인해 초기에는 반발이 발생했습니다.

2단계: 신뢰 구축

- **핵심 질문:** 팀원들은 누구인가?

- **실행 전략:**

  - AI 기술에 대한 두려움을 해소하기 위해 팀원들에게 AI 교육을 제공합니다.

  - 팀원들이 AI 활용을 자연스럽게 익히고 신뢰할 수 있도록 파일럿 프로젝트를 진행합니다.

  - AI를 일자리 위협이 아닌 경쟁력 강화의 기회로 인식하도록 마인드셋을 조정합니다.

- **성공적 실행 요소:**
  - AI 도입을 주도하는 리더가 신뢰를 구축하고 팀원들에게 학습 기회를 제공합니다.
  - AI 활용을 장려하는 조직 문화를 조성합니다.
- **현실적 도전:**
  - 보수적인 상급자들은 기존 방식을 고수하려 하며, AI 도입에 대한 의구심을 가질 수 있습니다.
  - 팀원들 간에 AI 적응 속도가 다를 수 있으며, 일부는 AI 도입을 위협으로 여길 수도 있습니다.
- **적용 사례:**

  허 상무는 팀원들에게 AI 기초 교육을 제공하고, 직접 경험할 수 있는 실습 기회를 마련했습니다. 그러나 일부 경영진은 기존 방식도 충분히 효과적이라며 AI 도입의 필요성을 느끼지 못했습니다. 이를 해결하기 위해 그는 파일럿 프로젝트를 통해 AI의 효과를 증명하며 점진적으로 신뢰를 구축했습니다.

3단계: 목표 명확화

- **핵심 질문:** AI를 통해 무엇을 이루고 싶은가?
- **실행 전략:**
  - AI의 역할을 구체적으로 정의하여 단계별 목표를 설정합니다.

- '해외 시장 개척을 위한 AI 기반 리스크 분석 모델 개발'이라는 구체적인 목표를 설정합니다.
- 경영진에게 AI 도입은 건설사의 비즈니스 성장에서 피할 수 없는 과정임을 설명합니다.
- **성공적 실행 요소:**
  - AI 도입이 해결해야 할 문제를 명확히 정의하고 목표를 설정합니다.
  - AI 기반 리스크 분석과 시장 예측을 통해 해외 시장에서의 목표를 구체화합니다.
- **현실적 도전:**
  - 조직 내 AI 도입 목표가 불분명할 경우, 프로젝트 추진 동력이 약해질 수 있습니다.
  - 개별 팀원들의 AI 학습 속도와 적용 방식이 달라 일관된 성과 창출이 어려울 수 있습니다.
- **적용 사례:**

  허 상무는 AI 도입을 통해 해외 건설 시장의 리스크 분석 및 수익성 예측 정확도를 높이는 것을 목표로 설정했습니다. 그러나 팀원들 간 AI에 대한 이해도가 달라 목표 설정 과정에서 시간이 필요했습니다.

4단계: 약속 및 헌신

- **핵심 질문:** 우리는 어떻게 AI 도입을 실현할 것인가?

- **실행 전략:**

  - 팀원들에게 AI 도입 시 실질적인 역할을 부여하고 구체적인 업무 변화 시나리오를 제시합니다.

  - 기존 프로젝트 관리 방식과 AI 기반 의사결정 방식을 비교하여 AI 도입 후 업무 변화의 장점을 체험합니다.

  - AI 기반 의사결정 프로세스 정착을 위한 단기 목표와 장기 목표를 설정합니다.

- **성공적 실행 요소:**

  - AI 적용 방안을 구체화하고 각 팀원들에게 역할을 분배합니다.

  - AI 파일럿 프로젝트를 설정하여 테스트합니다.

- **현실적 도전:**

  - 팀원들이 기존 업무 방식에서 벗어나 AI를 활용하는 데 어려움을 느낄 수 있습니다.

  - AI 도입 초기에는 성과가 기존보다 하락할 가능성이 있습니다.

- **적용 사례:**

  허 상무는 팀원들에게 AI 관련 업무 역할을 재배치하고, 소규모 파일럿 프로젝트를 진행하며 실험적인 접근을 시도했습니다. 초기에는 AI 시스템을 완전히 신뢰하기 어려워 업무가 과도해지는 위험성을 감수해야 했습니다.

5단계: 실행

• **핵심 질문**: 누가, 언제, 어디에서 AI를 도입할 것인가?

• **실행 전략**:

- AI를 실험적으로 적용할 파일럿 프로젝트를 선정하여 실행합니다.

- 기존 방식과 AI 방식의 성과를 비교하며 효과성을 검증합니다.

- AI가 조직 내 실제 업무에 적용될 수 있도록 데이터 분석 프로세스를 표준화합니다.

• **성공적 실행 요소**:

- AI 적용 프로세스를 표준화하고, 효과적인 데이터 활용 방안을 마련합니다.

- AI가 기존 업무 방식과 원활하게 통합될 수 있도록 실무 적용 범위를 확대합니다.

• **현실적 도전**:

- AI 도입 후 팀원들 간 적응 속도의 차이가 발생할 수 있습니다.

- AI 도입 후 실질적인 업무 효율성을 증명해야 합니다.

• **적용 사례**:

허 상무는 AI 기반 데이터 분석을 프로젝트 관리에 적용하면서, 기존 의사결정 방식과의 비교 데이터를 수집했습니다. 이를 통해 AI의 정확성을 입증하고, 경영진을 설득하는 자료로 활용했습니다.

6단계: 고성과 단계

- **핵심 질문**: AI가 실질적으로 조직에 어떤 변화를 가져왔는가?
- **실행 전략**:

  - AI 도입 후, 해외 프로젝트의 성공률 증가와 비용 절감 효과를 수치로 분석합니다.
  - AI 기반 의사결정 시스템을 통해 리스크 예측 정확도가 35퍼센트 향상됨을 입증합니다.
  - 팀원들은 AI 도입을 통해 더 빠르고 정확한 의사결정을 내립니다.

- **성공적 실행 요소**:

  - AI 기반 의사결정 시스템을 통해 해외 프로젝트 리스크 예측에서 정확도를 향상시킵니다.
  - AI를 활용한 데이터 분석으로 프로젝트 성과 향상 및 비용을 절감합니다.

- **현실적 도전**:

  - AI가 기존 성과를 뛰어넘는 확실한 데이터를 확보하지 못할 경우, 지속적인 AI 투자가 어려울 수 있습니다.
  - 일부 보수적인 리더들은 AI 성과를 과소평가할 가능성이 있습니다.

- **적용 사례**:

  AI 도입 후 해외 건설 프로젝트에서 리스크 예측 정확도가 35퍼센트 향상되었으며 투자 수익률이 개선되었습니다. 이 데이터를 바탕으로 허 상무는 AI 도입의 성공 사례를 보고하고, 조직 전체로 확대할 수 있도록 추진했습니다.

7단계: 재정비 및 지속성 확보

• **핵심 질문:** AI 도입을 지속적으로 개선하려면 어떻게 해야 하는가?

• **실행 전략:**

  - 지속적인 교육을 통해 팀원들의 AI 활용 역량을 강화합니다.

  - 파일럿 프로젝트에서 얻은 데이터를 기반으로 AI 적용 범위를 확장합니다.

  - AI 기술이 발전함에 따라 새로운 버전을 도입하는 프로세스를 마련하여 지속적인 혁신을 지원합니다.

• **성공적 실행 요소:**

  - 지속적인 교육과 AI 기술 발전에 맞춘 업그레이드를 진행합니다.

  - AI 도입 이후의 성과를 정기적으로 측정하고 개선 방안을 마련합니다.

• **현실적 도전:**

  - AI 기술은 지속적으로 변화하기 때문에 지속적인 학습과 업데이트가 필요합니다.

  - 팀원들의 AI 활용도가 유지되지 않을 경우 성과가 후퇴할 가능성이 있습니다.

- **적용 사례:**

  허 상무는 AI가 지속적으로 발전하고 있음을 강조하며, AI 활용 역량을 지속적으로 향상시키기 위한 리스킬링 및 업스킬링 과정을 마련했습니다.

AI 도입은 기술이 아니라 사람의 변화에서 시작된다

—

AI 도입 과정에서 팀 퍼포먼스 모델은 유용한 프레임워크가 될 수 있지만, 궁극적으로는 개별 리더와 팀원의 성향, 조직 문화에 따라 실행 방식이 달라질 수밖에 없습니다. 허 상무의 사례에서 볼 수 있듯이, AI 도입의 성공 여부는 기술보다 조직의 학습 민첩성과 변화 수용성이 결정적인 역할을 합니다.

AI는 도구일 뿐입니다. 성공적인 AI 도입을 위해서는 조직이 AI와 함께 성장할 수 있는 문화를 만들어야 합니다.

"AI는 위협이 아니라 도구다 – 나의 경험과 기술을 연결할 때 진짜 협업이 시작된다."

전환 실천 포인트

1. AI 도입 배경과 조직의 기대 수준을 명확히 이해한다.
2. AI를 업무에 접목하기 위한 마인드셋을 재설계한다.
3. 기존 업무 방식과 AI의 장점을 융합하는 전략을 찾는다.
4. 실험적 도전과 시행착오를 통해 AI 적응력을 높인다.
5. AI를 협업 파트너로 인식하고 새로운 협업 방식을 실천한다.

셀프 체크리스트		
전환 실천 포인트	체크 문항	✓
1. AI 도입 배경 이해	왜 AI를 도입했는지 명확히 이해하고 있다.	☐
	조직이 AI를 통해 기대하는 변화 방향을 인식하고 있다.	☐
2. 마인드셋 재설계	AI를 위협이 아닌 성장 기회로 받아들이고 있다.	☐
	변화에 저항하기보다는 배우고 적용할 준비가 되어 있다.	☐
3. 융합 전략 개발	업무에서 AI의 강점을 어떻게 활용할 수 있을지 생각한다.	☐
	AI의 데이터 분석 역량과 내 경험을 연결한 사례가 있다.	☐
4. 실험과 실패 허용	새로운 방식으로 AI를 활용하다 실패한 경험이 있다.	☐
	그 실패를 통해 개선점을 찾고 다음 시도에 반영했다.	☐
5. AI 협업 실천	AI를 단순한 툴이 아닌 '협력 파트너'로 인식하고 있다.	☐
	AI 기반 업무에서 나의 고유 가치를 명확히 정의했다.	☐

예 = 1점, 아니요 = 0점

점수	해석
9~10점	AI 시대의 업무 전환에 탁월하게 적응 중이다. 인간 고유의 가치를 AI와 효과적으로 결합하고 있다.
6~8점	전반적으로 긍정적이나, 실전 응용과 실패를 통한 학습에서 보완이 필요하다.
0~5점	AI를 기회로 보는 시각과 적용 전략 모두 재정비가 필요하다. 작은 시도부터 시작해보자.

요약 가이드

· **잘하고 있습니다**
- AI 도입의 맥락과 조직 전략을 정확히 이해하고 있다.
- 자신의 업무에 AI를 유기적으로 통합하고 있다.
- AI를 통한 실패도 배움의 기회로 삼으며 실험을 주도한다.

· **노력이 필요합니다**
- AI가 업무를 대체할까 봐 두려워하거나 회피하고 있다.
- 업무에 AI를 어떻게 접목해야 할지 방향이 불분명하다.
- 기술에 대한 심리적 거리감으로 도전을 회피하고 있다.

2부

리더십의 전환

AI Leadership Drive Mode

변화하는 환경에서 리더로서 성장하고 적응하는 법

"리더는 자신의 직급과 상황에 맞게 리더십 스타일을 유연하게 전환하고, 때론 앞에서 당겨주고 때론 뒤에서 밀어주는 컨버터블 리더십을 발휘해야 한다."

오늘날 리더의 역할은 과거보다 훨씬 다차원적입니다. 빠르게 변화하는 환경 속에서 한 가지 리더십 스타일만으로는 더 이상 효과적인 리더십을 발휘할 수 없게 되었습니다. 마치 도로 위에서 상황에 따라 주행 모드를 바꾸는 것처럼, 현대의 리더는 환경과 구성원에 따라 리더십 스타일을 유연하게 전환할 수 있어야 합니다.

AI 시대가 가져온 변화는 리더십의 본질적인 재정의를 요구합니다. 데이터와 알고리즘이 의사결정의 중요한 축이 되면서, 리더는 기술적 이해와 인간적 가치 사이의 균형을 맞추는 역할을 담당해야 합니다. 이제 리더는 단순히 지시하는 사람이 아니라, AI와 인간의 협업을 조율하는 오케스트라 지휘자와 같은 존재가 되어야 합니다.

2부에서는 현대 리더가 갖추어야 할 네 가지 핵심 리더십 모드를 살펴보겠습니다.

Chapter 6: 컨버터블 리더십 Convertible Leadership – AI 시대에 최적화된 리더십

Chapter 7: 드라이브 모드 Driven by Role – AI시대의 직급별 리더십

Chapter 8: 플렉서블 리더십 Flexible in Context – 발달단계별 AI 활용 리더십

Chapter 9: 얼라인 모드 Align with AI Insight – 상황별 리더십 밸런스

AI와 함께하는 미래에서 진정한 리더십의 가치는 변화 속에서도 불변하는 인간적 통찰력과 유연한 적응력의 균형에서 찾을 수 있을 것입니다. 당신은 지금 어떤 리더십 모드로 주행하고 있습니까? 앞으로의 여정에서 언제, 어떤 모드로 전환해야 할지 함께 살펴보겠습니다.

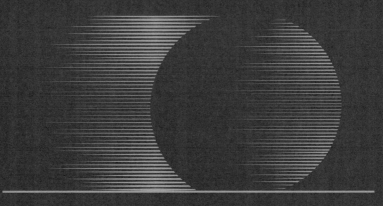

CHAPTER 6

컨버터블 리더십
Convertible Leadership
- AI 시대에 최적화된 리더십

변화하는 시대, 전환의 리더십이 필요하다

불확실성이 일상이 된 지금, 한 가지 리더십 유형만으로 모든 상황에 대응하는 것은 불가능해졌습니다. 진정한 리더는 상황에 맞게 자신의 리더십 스타일을 전환할 줄 알아야 합니다.

컨버터블 리더십Convertible Leadership은 상황과 맥락에 따라 유연하게 리더십과 팔로어십을 전환하는 능력을 의미합니다. 신생 스타트업에서는 빠른 결단과 실행을 이룰 수 있는 리더십이 필요하고, 전통적인 대기업에서는 내부의 신뢰를 얻게 위해 경청하는 팔로어십이 더 중요할 수 있습니다. 같은 회사에서도 위기 상황에서는 강한 결단력을 발휘하는 리더십이, 전문성이 요구되는 상황에서는 전문가의 의견을 따르는 팔로어십이 효과적입니다. 팀 내 다양한 구성원들의 강점을 활용하기 위해서는 상황에 따라 선도하거나 지원하는 역할을 자유롭게 전환해야 합니다.

진정한 컨버터블 리더는 자신이 항상 앞에 서야 한다는 고정관념과 아집에서 벗어나, 때로는 다른 구성원의 리더십을 지원하는 팔로어가 될 줄도 알아야 합니다. 이러한 리더십과 팔로어십의 원활한 전환이 오늘날 조직의 민첩성과 혁신을 이끄는 핵심입니다.

리더와 팔로어에게 컨버터블이 필요한 이유

▶ 오늘의 팔로어는 내일의 리더가 될 수 있으며,
그들의 역량과 경험이 미래의 리더십을 강화한다.
▶ 강한 팔로어십은 잠재적인 리더를 발굴하고 개발하는 데 중요하다.

학습 및 실제 경험 축적	유연성 및 적응성 강화	개방적인 의사소통 및 협업하는 조직 문화 조성
리더십과 팔로어십을 지속적으로 개발	다양한 시나리오를 훈련, 상황에 따른 역할 전환 연습	역할이 바뀌는 상황 대비

리더십Leadership

팔로어십Followership

컨버터블 자동차는 날씨에 따라 지붕을 열거나 닫는 것처럼
조직의 상황에 따라 **리더와 팔로어 역할을 전환**한다.

리더가 되고 싶지 않은 시대

—

최근 직장 사회에서 특이한 현상이 확산되고 있습니다. 능력 있고 유망한 인재들이 리더 자리를 회피하는 '리더포비아Leader-phobia' 현상입니다. 왜 많은 직장인들이 승진과 권한이라는 전통적 성공의 사다리를 거부하고 있을까요?

1. 리더십의 그림자: 부정적 인식

오늘날 직장인들은 리더를 끊임없는 압박과 스트레스에 시달리는 존재로 바라봅니다. 팀원 관리, 결과에 대한 책임, 복잡한 갈등 조정 등으로 인해 정작 자신이 열정을 느끼는 '전문 업무'가 아닌 '관리 업무'에 시간을 소비해야 하는 현실이 부담으로 다가옵니다.

2. 전문가의 딜레마: 전문성 상실에 대한 두려움

실무에서 탁월한 역량을 발휘하던 전문가일수록 리더 직책을 맡게 되면 자신의 핵심 경쟁력이었던 직무 전문성이 퇴화될 것을 우려합니다. 특히 기술 분야나 크리에이티브 직군에서 이러한 우려가 두드러지며, "좋은 개발자가 꼭 좋은 개발팀장이 되는 것은 아니다"라는 인식이 확산되고 있습니다.

3. 거울에 비친 미래: 매력적이지 않은 롤모델

조직 내 고위 리더들의 번아웃burnout 상태는 젊은 인재들에게 경고 신호로 작용합니다. 항상 바쁘고, 과도한 스트레스에 시달리며, 심지어 팀원들과 정서적 거리를 두는 관리자들의 모습은 "저렇게까지 해서 리더가 되고 싶지 않다"는 생각을 강화시킵니다.

4. 불균형의 방정식: 책임과 보상의 불균형

승진은 책임과 업무량의 급격한 증가를 의미하지만, 대부분의 조직에서 급여나 혜택은 비례하여 증가하지 않습니다. 중간관리자들은 상층부에서는 더 많은 성과를, 팀원들로부터는 더 많은 지원을 요구받는 '샌드위치 압박'에 시달립니다. 보통 승진 시 급여는 10, 20퍼센트 상승하는 반면, 체감하는 업무 시간과 스트레스는 50퍼센트 이상 증가하는 불균형이 발생합니다. 이러한 구조적 불균형은 리더 직책의 매력을 크게 감소시킵니다. 고속 승진 끝에 조기 퇴사보다는, 가늘고 길게 가자는 보신주의가 팽배하는 이유이기도 합니다.

5. 의도적 언보싱: 새로운 경력 패러다임

의도적 언보싱 Conscious unbossing은 직원들이 전략적으로 리더십이나 관리직 트랙에서 벗어나는 선택을 의미합니다. 이는 단순히 승진을 거부하는 것이 아니라, 자신의 전문 영역에서 깊은 지식과 기술을 개발하는 경력 경로를 의식적으로 선택하는 것입니다. 최근에는 조직 내 위계적 권력 구조보다 개인의 자율성, 전문성, 그리고 업무에서 느끼는 만족감을 더 가치 있게 여기는 경향이 강해지고 있습니다.

6. 가치관의 변화: 일과 삶의 균형 우선시

특히 밀레니얼과 Z세대 직장인 들은 성공의 의미를 재정의하고 있습니다. 이들에게는 직급이나 권한보다 개인 시간 확보와 삶의 질이 더 중요한 가치로 자리 잡았습니다. "일을 위해 사는 것이 아니라 살기 위해 일한다"는 철학은 개인 시간의 희생을 요구하는 리더 직책에 대한 부담을 가중시킵니다.

7. 형식적 리더십: 조용한 퇴직 현상

리더로 승진했음에도 최소한의 책임만 수행하는, 이른바 '조용한 퇴직Quiet quitting' 현상도 주목할 만합니다. 이들은 겉으로는 리더 타이틀을 가지고 있지만, 실제로는 적극적인 리더십 발휘를 회피하고 기본적인 관리 업무만 수행하며 추가적인 책임을 최소화하려는 경향을 보입니다.

8. 표면적 참여: 커피 배징 현상

'커피 배징coffee badging'은 사무실에 출입증을 태그하고 잠시 얼굴을 비춘 후 회사에서 제공하는 무료 커피만 마시고 재택근무로 돌아가는 현상을 의미합니다. 진정한 팀 개발이나 멘토링보다는 단순히 회의에 참석하는 등의 형식적인 역할에만 집중하는 관리자의 모습을 보입니다.

9. 경제적 저성장: 정체된 직급으로 인한 좌절감

저성장 초고령 사회로 접어들면서 조직 내 승진 기회가 제한되고 중간관리자 직급이 과도하게 적체되었습니다. 더 이상의 경력 상승 가능성이 제한된 중간관리자들은 열정과 동기를 잃고 '에너지 뱀파이어'로 변모하는 경우가 많습니다. 이런 모습을 지켜보는 젊은 인재들은 "나중에 저렇게 될 바에는 차라리 리더가 되지 않는 편이 낫다"는 결론에 도달합니다.

10. 리더십 훈련의 부재: 준비되지 않은 승진

많은 조직에서 뛰어난 실무자가 충분한 리더십 준비 없이 관리자로 승진하는 '피터의 원리Peter Principle' 현상이 발생합니다. 갑자기 팀 관리, 갈등 해결, 전략적 의사결정 등 전혀 다른 역량을 요구받으며 심각한 스트레스와 자신감 상실을 겪는 신임 리더들의 모습은 다른 직원들에게 리더십 기피의 강력한 동기가 됩니다.

이러한 현상들은 현대 조직에서 리더십의 의미와 가치가 근본적으로 재평가되고 있음을 시사합니다. 기업들은 이제 리더 역할을 진정으로 매력적으로 만들고, 지속 가능한 리더십 문화를 조성하기 위한 혁신적인 접근법을 개발해야 할 시점에 도달했습니다. 리더포비아 현상은 일시적인 트렌드가 아닌, 직장 문화와 경력 개발에 대한 패러다임 전환을 알리는 신호입니다.

컨버터블 리더십의 실천
: 상황에 맞게 변화하라

—

김명신 대표(37세)는 사회학을 전공한 후 글로벌 제조업체 홍보 부서에서 경력을 쌓았다. 그러던 어느 날, 건강이 악화된 아버지가 운영하던 중소 스포츠 의류 회사의 경영을 맡게 되었다.

"아버지가 건강 문제로 갑자기 은퇴하시면서 대출도 많고 매출 상황도 좋지 않아 운영을 맡길 사람이 없었죠. 아버지가 처음으로 저에게 간곡하게 부탁하신 거라 거절할 수가 없었습니다. 하지만 저는 사업할 생각을 해본 적이 없어서 너무 두려웠습니다."

김 대표가 회사를 맡았을 당시, 국내 스포츠 의류 시장은 포화 상태였고 온라인 시장의 성장으로 기존 오프라인 브랜드들이 위기를 겪고 있었다. 그는 기존 직원들의 경계와 아버지의 지나친 관여, 그리고 준비되지 않은 CEO로서의 부담까지 안고 출발했다.

이에 김 대표는 임원 전문 온보딩 코칭 프로그램을 통해 상황에 맞게 리더십과 팔로어십을 전환하는 법을 배우기로 했다.

먼저 조직 내부에서는 젊은 대표로서 직원들의 신뢰를 얻는 게 중요했다. 경력이 많은 임직원들에게는 그들의 전문성을 인정하고 신입으로서 의견을 경청하는 팔로어십을 피력했다. 이제 막 경영을 시작한 사람으로서 무리한 변화를 시도하기보다 기존 직원들의 경험을 배우려는 학습자의 자세를 유지했다. 반대로 기업 차원에서 전략의 방향을 설정할 때는 코칭형 리더십으로 구성원들의 아이디어를 끌어내고 통합하려 했다.

외부 고객과 시장에 대응할 때는 위축되어 있는 분위기를 타개하고자 먼저 유통 네트워크를 확장하고 시장 내에서 우리 브랜드의 경쟁력을 키우기 위해 의사결정 속도를 높이면서 리더십을 발휘했다. 고객 및 거래처에 적극적으로 비전을 설명하고 대담한 목표를 제시하면서 새로운 CEO로서 달라진 모습을 보여주려 했다. 이후 고객의 피드백과 시장의 변화를 주의 깊게 살피고 수용하는 팔로어십으로 빠르게 대응했다. 그 외 협력 파트너들과도 상황에 따라 주도하거나 지원하는 역할을 유연하게 전환하면서 리더십과 팔로어십 두 가지를 함께 병행했다.

그 결과, 브랜드는 포화된 국내 시장을 넘어 글로벌 시장까지 성공적으로 진출했고, 온라인 매출이 급성장하게 되었다. 김 대표는 전통적인 브랜드에서 해외 기업과의 협업, 새로운 마케팅을 통해 전환을 이끌어낸 리더로 평가받으며, 조직의 가장 어려운 시기를 무사히 극복했다.

관리자가 아니라
성장 촉진자와 전략적 팔로어

—

디지털 전환 시대에는 리더십의 개념 자체가 변화하고 있습니다. 과거에는 리더십이 통제하고 지시하는 역할에 가까웠다면 이제는 성장을 촉진하고 협력하는 역할로 달라져야 합니다. 진정한 리더는 상황에 따라 주도적 리더와 지원적 팔로어 역할을 유연하게 오갑니다.

	전통적 리더십	미래형 컨버터블 리더십
역할	명령하고 통제하는 관리자	팀원들의 성장과 협력을 촉진하는 코치이자 때로는 전략적 팔로어
업무 방식	직접 개입하고 세부 업무 조정	자율성을 부여하고 방향성을 제시하며 필요시 전문가의 의견을 따름
성과 관리	개별 성과 중심	팀 전체의 시너지와 집단지성 활용 중심
태도	권위적이고 위계적	협력적이고 유연하며 상황에 따라 리더와 팔로어 역할 전환
위치	모든 상황에서 앞에 서는 리더	상황에 따라 앞에 서기도, 옆에서 지원하기도, 뒤에서 따르기도 하는 유연한 리더

컨버터블 리더십에서는 항상 주도적인 리더로만 존재하는 것이 아니라, 상황에 맞게 자신이 팔로어가 되어 다른 사람의 아이디어와

전문성을 지원하는 능력이 중요합니다. 이를 통해 조직 내 모든 구성원의 잠재력을 끌어낼 수 있으며, 빠르게 변화하는 환경에 더 민첩하게 집단지성을 발현할 수 있습니다.

올바른 성과관리 리더십을 발휘하려면 리더는 앞만 보는 것이 아니라
때로는 뒤를 바라보며 조직원들의 성과를 명확히 평가하고 관리해야 한다.

건강한 조직을 위한
리더십 파이프라인 구축

—

기업이 건강하게 성장하기 위해서는 인적 자원 개발이 가장 중요합니다. 다음 세 가지 목표를 기준으로 리더뿐 아니라 모든 구성원들이 리더십 역량을 개발할 수 있는 체계적인 시스템을 구축할 필요가 있습니다.

1. 중간관리자의 역량 강화

많은 조직에서 중간관리자(팀장급)가 가장 큰 부담을 느낍니다. 이들에게 리더십 코칭, 피드백 훈련, 성과 관리 역량 강화 프로그램을 제공해 보다 효과적인 리더십을 발휘할 수 있도록 지원해야 합니다. 최근 많은 기업에서 중간관리자의 리더십을 강화하기 위해 팔로어십과 리더십, 그 사이를 잇는 링커십 linkership 프로그램을 진행하고 있습니다.

2. 리더의 역할을 '전략적 코치'로 전환

리더가 모든 문제를 해결할 필요는 없습니다. 오히려 팀원들이 스스로 문제를 해결할 수 있도록 지원하는 역할을 맡아야 합니다. 이를 위해 리더십 개발 프로그램에서는 코칭 역량을 강조합니다. 삼성화재는 다년간 '코칭포유'라는 사내 코치 육성 프로그램을 통해 모든 센터장들을 사내 코치로 육성할 수 있도록 지원하고 있습니다.

3. 승진 후 적응 기간 지원

리더 역할을 처음 맡으면 보통 6개월에서 1년까지는 적응하는 과정이 필요합니다. 이 기간 동안 조직이 코칭, 멘토링, 네트워킹 기회를 제공한다면 새로운 리더들이 부담 없이 역할을 수행할 수 있습니다. 사내 혹은 외부 코치와의 일대일 코칭은 보통 7회 세션으로 진행되며 약 100일 동안 기존 직급의 업무에서 벗어나 새로운 역할과 비전을 익히는 온보딩 과정을 지원합니다. 이 경우 실수를 예방하고 지혜롭게 리더십을 발휘할 수 있도록 리더에게 심리적 안전감과 역량을 강화할 수 있는 기술을 제공합니다.

리더십과 팔로어십은 타고나는 것이 아니라, 배우고 개발하는 능력입니다. 진정한 리더십은 언제 앞장서야 하고, 언제 물러서야 하는지를 아는 지혜에서 시작됩니다. 오늘날의 리더는 상황에 따라 리더와 팔로어 역할을 자유롭게 오가며, 조직의 지능과 창의성을 최대한 끌어내는 사람입니다. 리더십과 팔로어십의 균형 있는 전환, 이것이 컨버터블 리더십의 핵심입니다.

"리더는 언제나 앞장서야 한다는 고정관념에서 벗어날 때 진짜 전환이 시작된다."

전환 실천 포인트
1. 고정된 리더십 스타일에서 벗어나 다양한 스타일을 탐색한다.
2. 팔로어십을 리더십만큼 중요한 전략적 역할로 인식한다.
3. 상황에 따라 리더-팔로어의 역할을 유연하게 교대한다.
4. 팀원 간 강점 조합을 바탕으로 협업 시너지를 창출한다.
5. 피드백을 통해 나의 리더십 전환 능력을 점검한다.

셀프 체크리스트		
전환 실천 포인트	체크 문항	✓
1. 리더십 스타일 다양화	하나의 고정된 리더십이 아닌, 상황에 따라 리더십 스타일을 조절할 수 있다.	☐
	내 리더십이 어떤 스타일인지 자각하고 있다.	☐
2. 팔로어십 전략화	팔로어십도 리더십 못지않게 전략적인 가치가 있다.	☐
	내가 아닌 팀원이 주도할 때, 그를 지지하는 역할을 거부감 없이 수행할 수 있다.	☐
3. 역할 유연성	회의나 프로젝트에서 리더/팔로어 역할을 상황에 따라 전환한 경험이 있다.	☐
	나보다 전문성을 지닌 구성원의 의견을 우선시해본 적이 있다.	☐
4. 강점 기반 협업	팀원의 강점을 분석하고 그것을 조합하여 협업을 설계한 경험이 있다.	☐
	구성원 각자의 역할이 강점을 살릴 수 있도록 조정한 적이 있다.	☐
5. 피드백 기반 점검	내 리더십 스타일에 대한 팀원의 피드백을 받은 적이 있다.	☐
	피드백을 바탕으로 리더십 방식을 조정한 경험이 있다.	☐

예 = 1점, 아니요 = 0점

점수	해석
9~10점	유연한 리더십 전환 역량이 뛰어나며, 팀워크와 변화 대응력이 우수합니다.
6~8점	기본적인 전환 능력은 있으나, 팔로어십의 전략적 실천이나 피드백 활용에서 보완이 필요합니다.
0~5점	리더십 고정관념에서 벗어나지 못하고 있습니다. 실험과 반영의 루틴을 통해 확장 시도가 필요합니다.

요약 가이드

· 잘하고 있습니다
- 상황에 따라 리더십 스타일을 전환할 수 있다.
- 팔로어십을 가치 있는 전략으로 실천한다.
- 팀원 강점을 활용한 협업과 피드백 기반 리더십을 운영한다.

· 노력이 필요합니다
- 특정 리더십 스타일만 고수하거나 전환에 불편함을 느낀다.
- 피드백을 리더십 성장에 반영하지 못하고 있다.
- 피드백을 리더십 성장에 반영하지 못하고 있다.

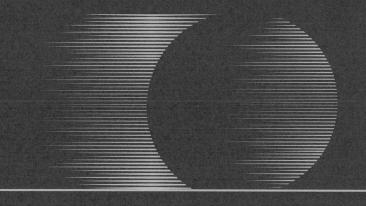

CHAPTER 7

드라이브 모드
Driven by Role
- AI 시대의 직급별 리더십

직급 변화에 따른 리더십 변화 전략

"누구나 고급 세단을 탈 수 있지만,
모두가 고급 드라이버가 될 수는 없다."

—

어느 자동차 전문가의 말입니다만 리더십에도 그대로 적용됩니다. 승진은 마치 새로운 자동차를 운전하는 것과 같습니다. 더 강력한 엔진, 더 넓은 시야, 더 많은 승객에 대한 책임이 따르지만, 조직에서는 새로운 자동차의 키만 건네줄 뿐 운전법은 가르쳐주지 않습니다. AI 시대에는 이 메타포가 더욱 복잡해집니다. 이제는 자율주행 기능까지 갖춘 차량을 운전하는 법을 익혀야 하기 때문입니다.

리서치 전문업체 갤럽의 2023년 조사에 따르면, 승진 후 6개월 내 리더의 40퍼센트가 심각한 불안과 스트레스를 경험합니다. 더 흥미로운 것은, 높은 직급일수록 이 비율이 증가한다는 점입니다. C레벨(각 부문별 최고책임자)의 경우 무려 68퍼센트가 '나홀로 사각지대'에 놓여 있다고 느꼈다고 합니다. AI의 급속한 발전은 이런 불안감을 더욱 가중시킬 수 있습니다.

많은 리더들이 승진 이후 혼란을 겪습니다. 최근 승진한 어느 대기업의 부사장은 "아무도 저에게 무엇이 달라져야 하는지 말해주지 않았어요. 더 열심히는 하고 있지만 본부장 때와 크게 다르지 않은 것 같아서 항상 불안합니다. 게다가 이제는 AI를 어떻게 활용할지에 대한 고민까지 더해졌습니다"라고 토로했습니다.

체계적인 준비 없이 이루어지는 승진은 개인과 조직 모두에게 큰 비용을 초래합니다. 운전이 능숙하지 않으면 작은 접촉 사고부터 큰 충돌까지 일어날 수 있는 것처럼, 리더십 전환 전략이 없다면 리더와 조직은 불필요한 시행착오를 겪게 됩니다. AI 시대에는 새로운 기술을 이해하고 적용하는 역량도 함께 발전시켜야 합니다.

나는 승진했지만, 내 리더십도 성장하고 있는가?

—

박혜은 상무(42세)는 뛰어난 성과를 인정받아 비교적 빠르게 임원으로 승진했지만, 예상치 못한 벽을 마주했다. 빠른 승진으로 인한 팀장들과의 거리감, 50대 선배 임원들의 견제, 글로벌 본사와의 소통 문제는 그를 점점 곤란한 상황으로 몰아넣었다.

"이전에는 팀원들과 자연스럽게 대화를 나눌 수 있었어요. 그런데 승진하고 나니, 제 눈치를 보는 듯하고 거리감이 생겼어요. 저는 여전히 같은 사람인데, 조직 내에서 저를 보는 시선이 달라진 거죠."

초급 관리자 시절, 박 상무는 성과를 내는 데 집중했다. 팀원들과 직접 협력하며 세부적인 업무를 조율하는 방식으로 성공을 거둔 것이다. 하지만 이제는 초급 관리자로서의 업무는 팀장에게 맡기고 자신은 뒤로 물러나 지원해야 하는 시점이라는 것을 깨달았다. 동료였지만 이제는 부하직원이 된 팀장들의 성향을 누구보다 잘 알기에, 더 적극적으로 신뢰하고 지원하는 태도를 보여주는 역할로 변화가 필요한 것이다.

반대로 50대 임원들에게는 '너무 빨리 올라왔다', '아직 경험이 부족하다'는 시선을 받았다. 다른 임원들의 견제를 받으며 주요 의사결정 과정에서 배제되는 일도 비일비재했다. 게다가 박 상무는 국내 영업을 담당하면서 동시에 글로벌 본사와의 협력도 필요한데, 본사 임원들과는 소통이 단절된 상태이고 중요한 회의에서 발언권에 제한을 받았다. 본사와의 협력 없이 국내 시장만 바라봐서는 한계가 있는 상황이었다.

박 상무는 더 이상 지금까지의 성공 방식은 통하지 않는다는 것을 깨달았다. 임원으로의 승진은 단순히 역할 변화가 아니라, 리더십 방식의 근본적인 전환이 필요함을 의미했다.

승진 후, 리더십을
전환해야 한다

—

인코칭 R&D 센터의 연구 결과에 따르면, 임원 코칭에서 가장 많은
사람들이 관심을 보인 주제는 '리더십 방향 설정'이었습니다. 다른 사
람을 따라가는 것이 아니라 자신만이 발휘할 수 있는 리더십이 무엇
인지 고민하고, 현업에서 빛날 수 있고 즐겁게 몰입하면서도 조직에
기여할 수 있는 나만의 방향성을 찾는 것이 가장 중요하다는 의미입
니다. AI 시대에는 여기에 기술 활용과 인간 중심 가치의 균형도 포함
되어야 합니다.

임원 코칭 주제 Top 10

1	리더십 방향 설정	리더십 자질 개선, 리더십 모델 정립
2	팀 역량 강화	팀 리더십 개발, 구성원 역량 향상, 협업 촉진 및 동기부여
3	성과관리 및 피드백	성과 평가 방법 개선, 저성과자 동기부여, 피드백 전략
4	소통 및 관계 형성	효과적인 소통 방법, 신뢰감 높은 대화법, 경청
5	조직 문화 및 변화 관리	긍정적 조직 문화 강화, 조직 혁신
6	자기 이해 및 성찰	성공진단 등 진단 도구 활용, 자기 인식 강화
7	마음챙김 및 감정관리	자기관리, 감정 인식 및 관리, 심리적 안전감 증진
8	코칭 리더십	코칭을 통한 구성원 성장 지원, 코칭 리더십 함양
9	성장 및 학습 문화	학습과 성장 문화 조성, 차세대 리더 육성
10	전략적 사고 및 문제해결	경영 전략 수립, 신사업 방향 설정

[출처: 인코칭 R&D 센터]

임원들은 리더십 방향을 설정하고 팀 역량을 강화해 성과를 높이는 것에 집중했다.

리더십 전환이란 단순히 역할이 달라지는 것이 아니라, 다른 종류의 차량을 운전하는 것과 같습니다. 직장에서의 자기인식 자가 진단 도구인 〈성공진단SuccessFinder〉의 '리더십 사다리 연구Ladder of Leadership'에 따르면, 각 직급마다 요구되는 리더십 스타일이 다르고 이전 직급에서 성공했던 방식이 다음 직급에서는 오히려 장애물이 될 수도 있습니다. AI 시대에는 이러한 전환이 더욱 급격하게 이루어질 수 있습니다. 각 리더십 단계의 특징을 살펴보겠습니다.

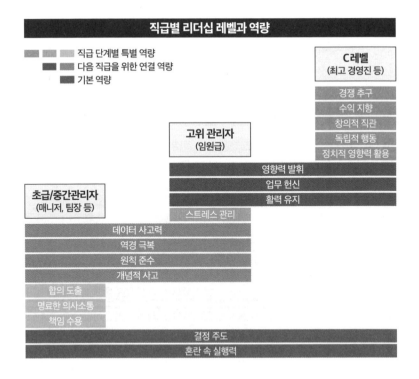

초급 관리자: SUV 드라이버로의 전환

처음 관리자가 되었다면 4인승 승용차에서 12인승 승합차로 차종을 바꾸는 것과 같습니다. 더 높은 시야, 더 큰 차체, 더 많은 동행자에 대한 책임이 따릅니다. 혼자만의 드라이빙이 아닌, 팀원들과 함께하는 여정이 시작된 것입니다. 신임 관리자 단계에서 가장 중요한 역량은 명료한 의사소통과 합의 도출, 책임 수용입니다. 마치 승합차 운전자가 동행자들의 안전과 편안함을 고려하며 운전하듯, 팀원들의 성장과 목표 달성을 위한 리더십이 필요합니다. AI 시대에는 팀원들의 AI 활용을 지원하고 코칭하는 역할도 추가됩니다.

- **핵심 역량:**
  - 명료한 의사소통: 목적지와 경로를 팀원들과 명확히 공유해야 하고, 지시보다는 경청과 피드백이 중요합니다.
  - 합의 도출: 다양한 의견을 수렴하여 최적의 방향을 설정합니다. 팀 전체의 성과를 고려하며 합의합니다.
  - 책임 수용: 팀의 안전과 성과에 대한 책임감을 가집니다. 팀원들의 성장을 위한 책임도 포함됩니다.

고위 관리자: 리무진 고속버스 드라이버로의 전환

고위 관리자가 되는 것은 리무진 고속버스를 다루는 것과 같습니다. 강력한 성능과 민첩성이 요구되며, 순간적인 판단과 정교한 컨트

롤이 필요합니다. 이제는 개인이나 팀 단위의 성과를 넘어, 조직 전체의 퍼포먼스를 극대화해야 합니다. AI 시대에는 인간과 기술 사이의 균형을 맞추는 역할이 중요해집니다.

- **핵심 역량:**
  - 영향력 발휘: 타인을 설득하고 동기를 부여하여 조직의 목표를 달성합니다.
  - 업무 헌신: 높은 수준의 업무 강도를 견디고 지속적인 에너지를 유지합니다.
  - 스트레스 관리: 압박 속에서도 침착함을 유지하며 안정적인 리더십을 발휘합니다.

특히 주목할 점은, 이전 단계에서 성공을 가져다준 세세한 실무 관리 방식이 이 단계에서는 오히려 방해가 될 수 있다는 것입니다. 일반 도로에서의 운전 방식을 고속도로에 그대로 적용할 수 없는 것처럼, 고위 관리자는 더 큰 그림을 보고 전략적 판단을 내려야 합니다.

- **새롭게 요구되는 리더십 역량:**
  - 전략적 사고: 조직 전체의 방향성을 고민합니다.
  - 결정 주도: 리스크를 감수하고 과감한 결정을 내립니다.
  - 영향력 발휘: 경험 많은 임원들과 신뢰를 구축합니다.
  - 데이터 사고력: 정서적 호소보다 논리적 근거가 필요합니다.

C레벨: 교통관제 센터장으로의 전환

만약 C레벨로 올라선다면 더 이상 팀이나 사업부가 아니라, 회사 전체를 대표하는 리더가 됩니다. C레벨로의 승진은 일개 운전자의 관점이 아닌, 전체 교통상황을 조망하는 법을 배워야 하는 과정이며, 이를 돕는 체계적인 온보딩과 전문 코칭이 필수적입니다. AI 시대의 C레벨은 기술 변화의 파도를 앞서 읽고 조직의 방향을 재정립하는 역할을 해야 합니다.

• **새롭게 요구되는 리더십 역량:**

  - 합의 도출: 다양한 이해관계자와 협력합니다.

  - 책임 수용: 조직 전체의 성패를 책임지는 태도를 갖습니다.

  - 창의적 직관: 급변하는 시장에서 기회를 포착합니다.

  - 정치적 영향력 활용: 글로벌 네트워크를 적극 활용합니다.

리더가 리더십을 전환할 수 있는지가 곧 조직이 지속 가능한 성장을 이룰 수 있을지 결정합니다. 과거의 성공 방식은 미래의 장애물이 될 수도 있습니다. 성공적인 리더십 전환은 단순한 역할 변화가 아니라, 새로운 사고방식과 역량을 습득하는 과정입니다. 리더십을 전환할 준비가 되어 있나요? 이 질문에 대한 답이 새로운 리더십으로의 안정적인 안착을 결정할 것입니다.

"리더십도 자동차처럼, 레벨이 오르면 운전법이 달라진다."

전환 실천 포인트
1. 직급별로 요구되는 리더십 역량과 AI 시대의 역할 변화를 체계적으로 이해하고 준비한다.
2. 승진에 따라 기술과 사람을 아우르는 영향력의 확장 방식을 재정의한다.
3. 혼란의 전환기에 자기 리더십을 점검하고 성장 기회로 삼는다.
4. 코칭과 멘토링, AI 기반 인사이트를 활용해 리더십을 재정렬한다.
5. 상향 커뮤니케이션과 관계적 리더십을 통해 수평 리더십을 실현한다.

셀프 체크리스트		
전환 실천 포인트	체크 문항	✓
1. 직급별 리더십 이해	현재 직급에 요구되는 리더십 역량과 AI 시대 변화 요소를 명확히 알고 있다.	☐
	다음 단계 리더십 역량을 미리 학습하거나 준비하고 있다.	☐
2. 책임과 영향력 전환	승진 후 나의 영향력 범위가 어떻게 변화했는지 인식하고 있다.	☐
	역할 전환에 맞게 의사결정과 행동 방식을 조정한 경험이 있다.	☐
3. 혼란기의 자기 점검	리더십 전환기의 혼란을 자기 인식과 학습 기회로 활용했다.	☐
	디지털 전환 상황에서 겪은 실패나 혼란을 학습 자원으로 삼았다.	☐
4. 코칭·멘토링 활용	최근 6개월 이내 외부 혹은 내부 코칭/멘토링을 받은 적이 있다.	☐
	나보다 선배 리더에게 조언을 구하고 실행한 경험이 있다.	☐
5. 수평 리더십 실천	수직적인 지시보다 동료 간 협업과 수평적 리더십을 추구한다.	☐
	360도 피드백을 통해 리더십을 조정한 적이 있다.	☐

예 = 1점, 아니요 = 0점

점수	해석
9~10점	AI 시대에 걸맞은 유연한 리더십 전환에 훌륭히 적응 중이며, 성숙한 리더십 역량을 발휘하고 있다.
6~8점	기본기는 갖추었으나, 수평적 리더십 실천과 피드백 기반 조정에 더 집중할 필요가 있다.
0~5점	리더십 전환 초기 혼란이 지속 중이다. 외부 지원과 자기 점검이 요구된다.

요약 가이드

· **잘하고 있습니다**
- 직급별 요구되는 리더십과 AI 시대의 기술 변화 흐름을 명확히 인식하고 준비하고 있다.
- 리더십 전환기의 혼란을 학습 자원으로 전환했다.
- 수평적 소통과 코칭을 적극 활용하고 있다.

· **노력이 필요합니다**
- 기술 도입과 리더십 스타일이나 역할 변화에 대한 명확한 이해가 부족하다.
- 기존 방식에 의존하며 소극적으로 대응하는 경향이 있다.
- 팀원과의 수평적 소통과 상향 피드백 수용이 미흡하다.

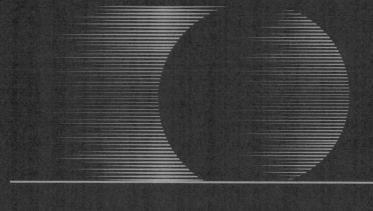

CHAPTER 8

플렉서블 리더십
Flexible in Context

- 발달단계별 AI 활용 리더십

변화의 시대, 유연한 리더십이 조직을 살린다

"엔진은 같아도 드라이버의 역량에 따라 차의 성능은 천차만별입니다."
— 페라리 F1팀 수석 엔지니어

오늘날의 조직은 과거보다 훨씬 더 복잡하고 다층적입니다. 세대 차이, 직무 배경, 디지털 전환 속도, AI 활용 능력까지, 모든 것이 빠르게 변하고 있습니다. 이러한 환경에서 가장 필요한 리더의 역량은 '일관성'이 아니라 '유연성'입니다.

조직 내에서도 마찬가지입니다. 비슷한 스펙을 가진 팀원이라도 역량과 업무 환경, AI에 대한 적응 수준에 따라 퍼포먼스는 크게 달라질 수 있습니다. 오늘날의 리더는 다양한 상황과 구성원의 특성에 맞게 유연하게 대응할 수 있어야 합니다. 이번 장에서는 관계적 유연성과 성장 단계별 유연성이라는 두 가지 측면에서 유연한 리더십의 중요성과 실천 방법을 살펴보겠습니다.

관계적 유연성
: 다양한 배경의 팀원들과 함께하기

—

이성주 팀장(35세)은 최근 금융사 고객지원팀의 팀장으로 승진했다. 그는 해당 업계에서 10년 이상의 경력을 쌓아왔고, 비교적 나이는 어리지만 다방면의 노하우가 출중한 점을 인정받았다. 하지만 새로이 맡게 된 팀의 구성원들이 매우 다양해서 애를 먹고 있다. 팀에는 40~50대, 경력 20년 이상 베테랑 직원들부터 최근 입사한 20대 신입사원까지 다양한 배경을 가진 구성원들이 있었다.

"베테랑 직원들은 제가 무슨 말만 하면 표정이 굳는 게 보여요. 특히 AI 도입을 언급하면 더 그렇습니다. 반대로 신입들은 AI 기술은 당연하게 받아들이면서도 제가 하는 말을 잘 이해하지 못하고요. 같은 말을 해도 팀원마다 반응이 달라서 어디에 맞춰야 할지 힘들어요."

베테랑 직원들은 오랜 경험과 현장 감각을 지녔지만, 이 팀장의 말투나 태도, 그리고 AI 기술 도입에 대한 접근 방식에서 '가르치려 든다'는 인상을 받았다. 반면 젊은 직원들은 명확한 지시와 방향성을 원하는데, 팀장이 너무 추상적으로 접근한다고 느꼈다. 회의 분위기는 무거워지고, 팀 전체의 동기부여도 눈에 띄게 떨어졌다.

1. 상호 존중의 리더십

유연한 리더십의 첫 번째 핵심은 '내가 안다고 강하게 주장하는 게 아니라, 상대방의 장점을 꺼내주는 것'이다. 리더가 반드시 모든 것을 이끌 필요는 없다. 오히려 구성원의 강점을 알아보고, 그들이 스스로 기여할 수 있는 장을 제공하는 것이 유능한 리더의 방식이다. 군대에서도 초급 장교(소위)는 하사관들에게 배우는 자세를 갖춘다. 이처럼 지식의 우열이 아닌 관계의 상호 존중이 리더십의 첫걸음이다.

이 팀장은 먼저 베테랑 팀원들에게 "선배님들의 현장 경험에서 많이 배우고 싶어요"라고 솔직하게 털어놓았다. AI 도입에 대해서도 "우리가 가진 전문성에 AI가 어떻게 도움이 될 수 있을지 함께 고민해봐요"라고 협력적 접근을 취했다. 또한 젊은 직원들에게는 꼼꼼한 피드백을 통해 그들이 필요로 하는 더 구체적인 지침과 방향성을 제공했다. 그 이후부터 팀원들의 눈빛이 달라졌다. 베테랑 직원들과는 존중을 기반으로 한 리더십이, 젊은 직원들에게는 신뢰와 명확성을 바탕으로 한 리더십이 작동하기 시작한 것이다. AI 도입도 팀원 모두가 참여하는 과정으로 전환되었다.

유연한 리더는 정답을 주입하는 대신, 구성원들의 경험을 존중하고 함께 답을 찾아가는 여유를 가진다. 팀 내 심리적 안전감을 확보하고, 구성원 스스로가 동기부여할 수 있도록 환경을 디자인하는 것이 핵심이다.

2. 성장 단계별 유연성

유연한 리더십의 두 번째 핵심은 각 구성원의 성장 단계에 맞게 리더십 스타일을 전환하는 능력이다. 조직에서 자주 발생하는 문제는, 리더가 모든 구성원을 동일한 방식으로 대하려 한다는 점이다. 초보 드라이버에게 F1 자동차를 맡기거나, 숙련된 레이서에게 연수용 차량만 준다면 어떻게 될까? AI 기술을 다룰 때도 마찬가지다. AI에 익숙하지 않은 직원에게 고급 AI 도구를 바로 활용하라고 하거나, AI 전문가에게 기초적인 가이드만 제공하는 것은 비효율적이다.

여기서 주목해야 할 개념은 '성과 노화performance aging'다. 이는 개인이 일정 수준 이상의 경력과 전문성을 축적했음에도 불구하고, 환경 변화와 기술 진화 속에서 학습된 무기력 등의 요인으로 인해 직무 성과가 정체되거나 하락하는 현상이다. 이는 신체적 노화와는 구별되며 직무 역량의 유효성 상실, 기술 적응력 부족, 조직 내 영향력 저하 등으로 나타난다. AI 시대에는 기술 변화 속도가 더욱 빨라지면서 성과 노화 현상이 더 급격히 나타날 수 있다. 특히 우리나라 같은 고령화 사회에서는 저성과만으로는 해고가 가능하지 않기 때문에 성과를 측정해서 성장이 더뎌지거나 후퇴하지 않도록 성과 노화를 최대한 방지하는 것이 지상 최대 과제다.

이 팀장은 팀원들과의 관계를 개선하고 나자, 이번에는 또 다른 문제에 직면했다. 팀원들은 각기 다른 성장 단계에 있고 AI 기술 수용도도 달라서, 동일한 업무 지시와 권한위임 방식으로는 모두에게 효과적이지 않았다. 성장 단계를 고려하지 않은 권한위임은 자칫 대형 사고로 이어질 수 있음을 깨달은 그는 마치 레이싱 스쿨에서 단계별 교육을 하듯 팀원들의 성장 단계에 맞는 적절한 드라이빙 모드를 설정하기로 했다.

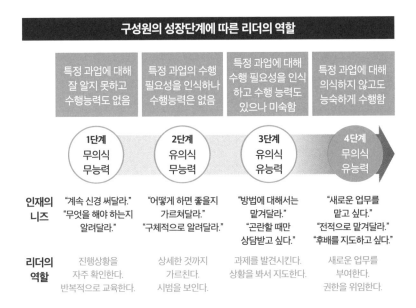

네 가지 성장 유형과
리더십 접근법

—

첫 번째 유형: 무의식 무능력 — 연습용 시뮬레이터

"아직 시동도 못 거는데 어떻게 달리라는 거죠?"

최근 팀에 합류한 신입사원 윤서진(23세)은 레이싱 시뮬레이터 앞에 처음 앉은 초보자처럼, 무엇을 어떻게 해야 할지조차 모르는 상태였다. 디지털 네이티브로 AI 도구 자체에는 익숙했지만, 업무 맥락에서 이를 활용하는 방법은 알지 못했다. 이 팀장이 그에게 중요 고객 응대를 맡겼을 때, 윤 사원은 레이싱 게임에서 가속 페달만 밟다가 충돌하는 것처럼 기본적인 매커니즘조차 이해하지 못했다.

- **구성원의 니즈:**

"뭐부터 해야 하는지 기본적인 조작법부터 알려주세요."

"실수해도 괜찮은 안전한 환경이 필요해요."

"누군가 옆에서 지속적으로 봐주면 좋겠어요."

- **리더의 역할:**

- 명확한 기본 매뉴얼 제공

- 반복적인 연습 기회 부여

- 실시간 피드백과 격려

- AI 도구의 기본적인 활용법 안내

이 팀장은 윤 사원에게 고객 응대의 기본 매뉴얼을 제공하고, 간단한 케이스부터 시작해서 점진적으로 경험할 수 있도록 했다. AI 챗봇을 활용한 기본적인 고객 질문 응대 연습부터 시작했다. 또한 실수해도 안전하게 회복할 수 있도록 자신이 백업하면서 실시간으로 피드백을 제공했다.

두 번째 유형: 유의식 무능력 — 연습 트랙의 도전자

"코스는 알겠는데, 제 실력이 따라주질 않아요."

입사 1년차 정민우 대리(27세)는 고객 응대 매뉴얼은 완벽히 외웠지만, 실제 업무에서 어려움을 겪고 있었다. AI 도구의 기능도 알고 있지만 실무에 효과적으로 적용하지 못했다. 레이싱 트랙의 코스는 완벽히 외웠지만 막상 실전에서 자꾸 코너를 놓치는 연습생과 같은 상태였다. 가속과 브레이크의 타이밍을 잡지 못해 자꾸 스핀이 일어나는 것처럼, 업무의 방향은 알지만 실행에서 어려움을 겪었다.

- 구성원의 니즈:

"이론과 실전의 갭을 어떻게 메워야 할지 모르겠어요."

"실수를 반복하는 것이 두려워요."

"롤모델의 시범과 구체적인 피드백이 필요해요."

"AI 도구를 실무에 어떻게 적용해야 할지 명확한 지침이 필요해요."

- 리더의 역할:

– 실전 연습 기회 지속 제공

– 단계별 미션을 통한 점진적 성장 지원

– '타임 랩' 분석처럼 상세한 피드백 제공

– AI 도구의 활용 사례 공유

이 팀장은 정 대리에게 다양한 실전 상황을 경험할 수 있는 기회를 제공하고, 실패 케이스가 생길 때마다 함께 분석하며 상세한 피드백을 주었다.

마치 레이싱에서 타임 랩을 분석하듯, 고객 응대 과정을 각 단계별로 어떻게 개선할 수 있는지 구체적인 가이드를 제공했다. AI 챗봇 데이터를 분석하여 효과적인 고객 응대 방식을 함께 모색했다.

세 번째 유형: 유의식 유능력 — 서킷의 프로 드라이버

"이제 코스를 제 것으로 만들어가고 있어요. 하지만 아직은 매 순간 집중해야 해요."

박지혜 과장(31세)은 이제 고객 응대 프로세스를 정확히 따를 수 있고, AI 도구도 능숙하게 활용하지만, 여전히 의식적인 노력이 필요한 단계였다. 프로 드라이버는 맞지만, 아직 모든 움직임이 자연스럽진 않아 주의해야 했다. 업무의 방법론은 완벽히 알고 실행할 수 있지만, 여전히 높은 수준의 집중력이 필요했다.

• **구성원의 니즈:**

"더 높은 수준의 도전을 원해요."

"실수하더라도 스스로 극복하고 싶어요."

"전문가로서의 자율성이 필요해요."

"AI 도구를 창의적으로 활용할 기회가 필요해요."

• **리더의 역할:**

- 더 도전적인 트랙(업무) 제공

- 자율적 문제해결 권한 부여

- 코칭보다는 멘토링에 집중

- AI 기반 혁신 아이디어 제안 기회 부여

이 팀장은 박 과장에게 VIP 고객 응대와 같은 더 도전적인 업무를 맡기고, 문제 발생 시 스스로 해결할 수 있는 권한을 부여했다. 또한 세부적인 지시보다는 큰 방향성만 제시하고, 필요할 때 멘토링을 제공하는 방식으로 전환했다. AI 기반 고객 응대 시스템 개선에 대한 아이디어를 자유롭게 제안하고 테스트할 수 있는 기회도 제공했다.

네 번째 유형: 무의식 유능력 — 레이싱 마스터

"이제 차는 제 몸의 일부가 되었어요. 코너를 돌 때마다 직관적으로 움직입니다."

이상진 차장(52세)은 고객지원 분야에서 25년 이상의 경력을 가진 전문가다. F1 챔피언들이 코너링할 때 더 이상 생각하지 않고 본능적으로 움직이듯, 이 차장은 어떤 고객 상황에서도 직관적으로 최적의 대응을 할 수 있었다. 업무가 내 몸을 움직이듯이 자연스럽고, 문제해결에도 막힘이 없는 상태였다. 초기에는 AI 기술에 거부감을 보였지만, 이제는 그 가치를 이해하고 자신의 전문성과 AI를 효과적으로 결합하기 시작했다.

• 구성원의 니즈:

"새로운 트랙에서 도전하고 싶어요."

"제 경험을 다른 드라이버와 나누고 싶어요."

"더 혁신적인 레이싱을 시도하고 싶어요."

"AI와 인간 전문성의 시너지를 탐색하고 싶어요."

- **리더의 역할:**
- 새로운 도전 기회 제공
- 멘토/코치 역할 부여
- 혁신을 위한 자율성 보장
- AI와 인간 전문성의 결합 모델 개발 장려

이 팀장은 이 차장에게 새로운 고객지원 시스템 구축 프로젝트를 맡기고, 동시에 신입 직원들의 멘토 역할도 부여했다. 또한 고객지원 프로세스 개선을 위한 혁신 아이디어를 자유롭게 추진할 수 있는 자율성을 부여했다. 특히 인간의 직관적 전문성과 AI의 데이터 분석 능력을 결합한 하이브리드 고객 응대 모델 개발을 권장했다.

각 유형의 전환은 마치 레이싱 스쿨의 커리큘럼처럼 체계적이고 단계적이어야 한다. 이때 중요한 것은 각 단계별 적절한 드라이빙 모드 설정이다.

- 유형 1: 안전 모드 Safety first – 윤서진 사원
- 유형 2: 연습 모드 Practice mode – 정민우 대리
- 유형 3: 레이스 모드 Race mode – 박지혜 과장
- 유형 4: 마스터 모드 Master mode – 이상진 차장

이 팀장은 각 팀원의 성장 단계를 정확히 파악하고, 그에 맞게 적절한 드라이빙 모드를 설정했다. 너무 일찍 레이스 모드를 켜면 사고가 날 수 있고, 너무 오래 안전 모드를 유지하면 성장이 정체될 수 있다는 것을 알았기 때문이다. AI 도구 활용에 있어서도 단계별 접근법을 적용했다. AI 초보자에게는 기본 기능부터 천천히 소개하고, 전문가에게는 창의적 활용과 시스템 개선 기회를 제공했다.

이러한 관계적 유연성과 성장 단계별 유연성을 통해, 이 팀장의 팀은 6개월 만에 고객 만족도와 업무 효율성 모두 크게 향상되었다. 베테랑 직원들은 자신들의 경험이 인정받는다고 느꼈고, 젊은 직원들은 더 명확한 방향과 성장 기회를 얻었다. 각자의 성장 단계에 맞는 지원을 받으면서, 모든 팀원이 자신의 잠재력을 발휘할 수 있게 된 것이다. AI 기술 도입도 자연스럽게 이루어져 인간 전문성과 시너지를 창출하는 선순환이 형성되었다.

유연한 리더십의 핵심 역량

—

진정한 유연성은 자신을 바꾸는 능력이 아니라, 각 구성원의 배경과 성장 단계를 존중하고, 그들이 최고의 성과를 낼 수 있는 환경을 만들어주는 지혜입니다. 관계적 유연성과 성장 단계별 유연성을 모두 갖춘 리더는 구성원 각자가 자신의 잠재력을 최대한 발휘할 수 있도록 돕고, 이를 통해 팀 전체의 성과를 높이는 유연한 리더의 모습을 보여줄 것입니다. AI 시대에는 이러한 유연성이 더욱 중요해지며, 인간 전문성과 AI 역량을 적절히 조화시키는 리더십이 조직의 경쟁력을 좌우할 것입니다.

- **공감:** 상대방의 감정과 상황을 이해하고 존중하는 능력
- **협력:** 위계보다 관계 중심으로 팀워크를 이끄는 태도
- **정치적 수완:** 갈등을 조율하고 팀 내 영향력을 자연스럽게 확보하는 능력
- **자기이해:** 자신의 강점과 한계를 스스로 인식하고 조율하는 힘
- **상황 인식:** 각 구성원의 성장 단계와 역량 수준을 정확히 파악하는 능력
- **유연성:** 상황과 구성원에 맞게 자신의 리더십 스타일을 조정하는 능력
- **기술 통합력:** AI와 같은 새로운 기술을 인간 중심으로 통합하는 능력

유연한 리더십에 필요하지만 한국 리더들이 비선호하는 코칭 팁

—

임원들과 비즈니스 코칭을 진행하며 발견한 공통적인 특징은 '비판

수용성'에 대한 낮은 선호도입니다. 이들은 부정적 피드백을 받는 것을 극도로 꺼리며, 때로는 한마디의 비판에도 지나치게 반응하여 스스로를 제2의 가해자로 만들기도 합니다. 더 심각한 문제는 불편한 이야기를 듣기 싫어 구성원들에게 필요한 피드백을 주지 않아 문제가 방치되거나, 피드백 상황에서 보이는 취약한 모습이 다른 사람들의 접근을 차단한다는 점입니다. 빠르게 변화하는 환경에서 피드백은 필수적이며, 항상 긍정적일 수만은 없기에 비판을 객관적으로 수용할 수 있는 마음의 준비가 필요합니다.

① 비판수용성

"비판은 실패가 아니라, 데이터다."

한국 리더는 체면과 평가에 민감한 문화 속에서 성장하여, 피드백을 개인적인 '결점 지적'으로 받아들이는 경향이 있습니다. AI 시대에는 실패와 오류가 더 빈번히 발생할 수 있으므로 이러한 태도 변화가 더욱 중요합니다.

- **코칭 팁:**
  - "비판은 나에 대한 평가가 아니라 조직과 동반성장하기 위한 데이터다."
  - 비판을 받을 때 반박보다 호기심으로 질문하기: "어떤 부분에서 그렇게 느끼셨나요?"

- 매주 피드백 감사 노트 작성: 작은 피드백도 학습 기회로 보는 훈련

- AI에 대한 판단 오류와 실수도 학습 기회로 여기는 열린 태도

② 낙관성

"리더의 시선이 팀의 분위기를 만든다."

변화가 많고 어려운 상황일수록 리더의 태도 하나하나가 팀 전체에 큰 영향을 끼칩니다. 하지만 리더 본인이 근거 있는 낙관성을 훈련하지 않으면 불안이 팀 전체에 전이되기 쉽습니다. AI 도입 과정에서의 불확실성과 시행착오는 더 큰 낙관적 리더십을 요구합니다.

- **코칭 팁:**
  - "지금 할 수 있는 최선은 무엇인가?"를 매 상황마다 팀과 함께 점검
  - 최악의 시나리오와 함께 최선의 가능성을 시각화하는 연습
  - 어려운 상황 속에서도 '작은 진전'을 발견하고 팀과 나누기

- **코칭 적용 예시**
  - 비판 수용이 낮은 리더는 '상대의 의도 파악하기' 질문 훈련을 통해 방어 반응 대신 질문 습관 형성
  - 조바심이 많은 리더는 매주 '이번 주 긍정적 신호 세 가지 찾기' 실습을 통해 뇌의 주의 패턴 전환
  - AI와 인간 협업의 성공 사례를 지속적으로 수집하고 공유하기

유연한 리더는 완벽한 사람이 아니라, 불완전함을 기회로 바꾸는 사람입니다. 비판을 성장의 도구로, 낙관을 집단의 에너지로 전환할 수 있는 리더가 혼란의 시대에 진짜 성과를 만들어냅니다. 이런 전환이 코칭을 통해 반복적으로 강화될 때, 진짜 리더십의 변화가 시작됩니다. AI 시대에는 기술적 변화와 불확실성이 더욱 커지므로, 이러한 유연한 리더십이 조직의 안정적 성장과 혁신을 위한 필수 요소가 될 것입니다.

"변화의 시대, 리더에게 필요한 건 완벽함보다 유연함이다."

전환 실천 포인트
1. 다양한 팀원의 배경과 특성, AI 수용도를 인정하고 수용한다.
2. 구성원의 성장 단계에 따라 리더십 스타일과 AI 도입 방식을 유연하게 전환한다.
3. 정답을 제시하기보다 질문으로 방향을 유도한다.
4. 피드백과 코칭을 통해 개인별 성장 가이드를 제공한다.
5. 심리적 안전감을 조성해 팀 몰입도와 AI 활용도를 높인다.

셀프 체크리스트		
전환 실천 포인트	체크 문항	✓
1. 다양성 수용	다양한 세대, 배경의 팀원들과의 차이와 AI 수용도 차이를 인정하고 존중한다.	☐
	팀 구성 시 구성원의 강점과 성향을 고려해 역할을 조정한다.	☐
2. 성장 단계별 리더십	각 팀원의 성장 단계에 따라 다른 리더십 방식과 AI 도입 전략을 적용한 적이 있다.	☐
	너무 빠르거나 느린 개입을 피하고 적절한 타이밍에 지원한다.	☐
3. 질문 중심 리딩	문제 해결 시 정답을 주기보다 질문을 통해 방향을 제시한다.	☐
	팀원들이 스스로 답을 찾을 수 있도록 코칭 중심으로 대화한다.	☐
4. 코칭 피드백	최근 3개월 내 팀원에게 맞춤형 피드백을 제공한 경험이 있다.	☐
	팀원의 역량 향상과 AI 활용 능력 개발을 위해 의도적으로 코칭 대화를 시도한 적이 있다.	☐
5. 심리적 안전감	실수를 용인하고 도전과 학습, AI 실험을 장려하는 분위기를 조성하고 있다.	☐
	팀원들이 자신의 의견을 자유롭게 말할 수 있는 분위기다.	☐

예 = 1점, 아니요 = 0점

점수	해석
9~10점	유연한 리더십이 잘 정착되어 있으며, 관계 중심 리더십과 AI 통합 접근법을 실천하고 있다.
6~8점	유연성의 기본기는 있으나, 질문 중심 리딩이나 피드백 루틴, AI 도입 전략이 더 필요하다.
0~5점	관계적 유연성과 단계별 리더십 조율이 부족하다. 구성원 이해와 피드백 훈련, AI 적응 지원이 필요하다.

요약 가이드

· 잘하고 있습니다

- 구성원의 배경과 성장 단계, AI 수용도를 잘 이해하고 있다.
- 피드백과 코칭을 자주 실천하며 AI 활용 역량 개발을 지원한다.
- 심리적 안전감 있는 팀 분위기를 조성하고 AI 실험 문화를 장려한다.

· 노력이 필요합니다

- 리더십 스타일이 일방적이거나 고정되어 있다.
- 피드백 제공이 드물고, 질문 기반 대화가 부족하다.
- 구성원 특성에 맞춘 유연한 대응과 AI도입 전략이 미흡하다.

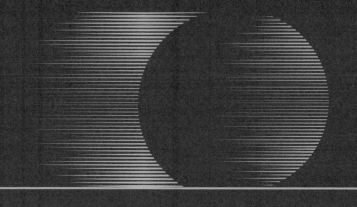

CHAPTER 9

얼라인 모드
Align with AI Insight
- 상황별 리더십 밸런스

지구상에 존재하는 수많은 팀들 중에 가장 정교하게 직무 분석이 되어 있고, 그에 따른 역량 기반 교육 과정을 통해 최대한 빠르고 정확하게 임무를 수행하도록 고도로 숙련된 팀 중 하나는 F1 레이싱에 등장하는 피트 크루Pit Crew입니다. 20여 명의 피트 크루들이 하나의 팀워크로 각자 맡은 바 역할을 일사불란하게 수행합니다. 이들이 경주용 자동차 바퀴 네 개를 모두 교체하는 데 걸리는 평균 시간은 불과 2, 3초 내외이며, 2019년도 브라질 그랑프리에서 레드불 레이싱 팀의 피트 크루들은 단 1.82초 만에 타이어 네 개를 교체하는 진기록을 세웠습니다. 이것은 리더가 각기 다른 업무를 협업할 수 있는 적합한 인재적재, 適材들을, 절묘한 타이밍에적시, 適時에, 적절한 직무적소, 適所에 배치하는 비즈니스 얼라인align으로만 가능합니다.

피트 크루의 팀워크에서 볼 수 있듯이, 비즈니스에서 얼라인은 '목표에 정렬한다'는 개념으로, 어떤 문제를 해결하기 위해 다양한 요소를 융합하여 목표에 정렬된 무엇인가를 계획하고 실행하는 데 효율적인 접근 방식을 말합니다. 조직의 리더라면 상황에 따라 사람, 제도, 문화, 전략 등을 정밀하게 정렬하고, 때로는 대담하게 재정렬re-align할 수 있어야 합니다.

"완벽한 조율 없이 승리는 없다."

—

T사는 대학 동기인 이민수와 정준호가 학창시절 함께 창업한 IT 스타트업이다. 초기 여덟 명 규모였던 회사는 AI 기반 데이터 분석 솔루션으로 주목받으며 몇천억 원의 투자를 유치하고 직원 수가 200명 가까이 성장했다. 그러나 외부에서 보이는 것처럼 화려한 성공과 달리 내부에서는 여러 문제가 발생하기 시작했다.

모두의 의견을 취합할 수 있었던 소규모 초창기 시절과는 다르게, 사세가 확장된 이후에는 문제가 발생해도 해당 부서 외에는 모르거나 심지어는 서로 책임을 미루다 보니 협업은커녕 부서 장벽만 높아지고 있었다. 의사결정을 할 때에는 누가 최종 결정을 해야 하는지 혼선이 빚어지면서 일정 관리 및 품질 관리에도 차질이 생겼고, 그 와중에 거액을 투자한 투자자들은 당장 성과를 보이라며 압박을 가해왔다. 급하게 인력을 충원하면서 창업 당시에 두 대표가 그렸던 창업 정신은 희미해지고, 야심차게 준비하던 해외 진출마저 미래가 불투명해졌다.

"초기에는 구성원 모두가 한 테이블에 앉아 모두 함께 고민하고 결정을 내렸는데…. 지금은 각자 서로 다른 방향을 바라보는 것 같아요."

고민에 빠진 두 공동창업자는 T사의 모든 시스템과 조직을 재정렬하기 위해 주요 부문에 '얼라인 프로젝트'를 시작하기로 했다.

1. 적합한 구성인가?

인코칭 R&D센터가 분석한 7,000건 이상의 코칭 결과에 따르면, 고성과 리더들이 조직 관리에 실패하는 주요 원인은 적합한 팀원들의 구성에 대한 상황 인식이 부족했기 때문이다. 딜로이트의 최근 인적자본 트렌드 조사에서도 팀 내 대인관계가 효과적으로 정렬된 조직은 변화 적응력이 2.3배 높은 것으로 나타났다.

T사는 '하모니 리더십' 프로그램으로 접근하기로 했다. 먼저 두 공동창업자를 포함하여 각 부문장들의 리더십 스타일을 진단하고(자기 이해), 부서 간 합동워크숍을 통해 서로의 업무 방식과 우선순위를 파악하는 자리를 마련했다(타인 이해). 또한 조직 내 권력 구조와 의사결정 패턴을 분석(관계 역학 이해)했다.

그 결과, 창업 멤버들의 공식적인 역할과 책임, 의사결정 권한을 명확하게 정의할 수 있었다. 예외가 되는 주요 이슈에 대해서는 정기적인 미팅을 통해 방향성을 조정하기로 했다. 또한 프리모텀premortem, 즉 프로젝트 시작 단계에서 잠재적 실패 원인을 예측하고 분석하여 리스크를 관리하고, 구성원 개개인의 성향과 상황에 따라 맞춤형 리더십을 적용하게 되었다.

▶결과: 4개월 만에 부서 간 갈등이 35퍼센트 감소하고, 해외 진출 프로젝트의 진행 속도가 20퍼센트 향상되었다. 특히 심리적 안전감 점수는 5점 만점에 2.8점에서 4.2점으로 수직 상승했다.

2. 적절한 보상인가?

MZ세대 구성원들의 증가 추세에 따라서, 성과를 기반으로 평가하고 공정한 기회를 제공하는 것이 중요한 과제로 떠오르고 있다. T사 역시 근속 연수나 나이에 따라 지위가 올라가는 연공서열을 기준으로 한 승진 시스템을 택하고 있어 내부에 고성과자의 불만이 높은 상태였다. 또한 모든 부서에 자원이 균등하게 배분되어서 시기에 따라 전략적으로 중요도가 높은 부서에는 지원이 부족해 공정성 영역에서 문제가 제기되고 있었다.

또한 신제품 개발팀과 기존 제품 유지보수팀의 대우 차이가 확연하게 드러나 부서 간 장벽Silo effect이 빈번하게 발생했다. 그뿐 아니라 직원들이 전반적으로 업무 성과에 대한 보상 체계에 불신을 갖고 있어 타당성 영역에서도 개선점이 많아 보였다.

그에 따라 T사는 '밸런스드 밸류' 프로그램을 도입하기로 했다. 먼저 자원 배분과 우선순위를 결정하는 기준을 만들어 전 직원에게 공유함으로써 투명한 의사결정 프레임워크를 만들었다. 그리고 구글의 20퍼센트 원칙을 벤치마킹하여 15:85 원칙을 도입했다. 모든 팀이 업무 시간의 15퍼센트는 혁신 프로젝트에 투자할 수 있도록 자율성을 부여한 것이다. 나머지 85퍼센트는 전략적 우선순위에 따라 차등적으로 자원을 배분하기로 했다.

또한 회사 내에 불신하는 분위기가 있으므로 주요 의사결정에 한해서는 익명 피드백 시스템을 구축하여 오픈 피드백을 장려하기로 했다. 승진 시스템에 관해서는 관리자 트랙과 전문가 트랙의 이중 경로를 구축하여 구성원들의 불만을 개선하는 방안을 취했다.

▶결과: 9개월 후, 직원 만족도가 31퍼센트 상승했고, 15퍼센트 프로젝트 중 두 개가 새로운 수익원으로 발전했다. 핵심 인재 유지율은 67퍼센트에서 89퍼센트로 향상되었다.

3. 적당한 개입인가?

구성원들에 대한 리더의 통제와 권한위임은 양날의 검이다. 지나친 통제는 혁신을 방해하고, 과도한 자율은 혼란을 낳는다. T사의 경우, 스타트업으로 시작해 규모가 커지면서 직원들은 통제와 권한위임, 두 가지 모두를 잃고 있는 상황이었다.

일단 초기 스타트업의 민첩성과 혁신적인 문화는 사라지고, 관료주의가 늘어나면서 의사결정이 지연되고 있었다. 그러면서도 해외 진출 같은 중요

프로젝트에서는 체계가 없어 일관성이 부족하고, 소통이 원활하지 않아 서로 다른 팀에서 같은 작업을 하느라 인력과 자원을 낭비하기도 했다.

위기 상황	일상적 상황	혁신 요구 상황
• 통제 요소 강화로 안정성 확보 • 명확한 지시와 빠른 의사결정 체계 가동	• 통제와 자율성의 적절한 밸런스 조율 • 명확한 가이드라인 내에서 자율성 부여	• 자율성 요소 강화로 창의성 촉진 • 실험과 도전을 장려하는 문화 조성

T사는 상황별 얼라인먼트 전략을 실시했다. 인원이 늘어가는 것은 사실이지만 스타트업으로서의 장점도 놓치고 싶지 않았다. 그래서 상황에 따라 통제와 자율성을 탄력적으로 조정하는 프레임워크를 개발했다.

통제는 가이드라인으로 기준을 세울 수 있지만 자율성은 회사마다 범위와 한계가 제각각인 경우가 많다. 그래서 T사는 자율성 부분에서는 '자율성 영역 매핑'이라는 보완 장치를 마련했다.

레드존	옐로존	그린존
엄격한 통제가 필요한 영역 (재무, 법률, 보안 등)	가이드라인 내 자율성이 허용되는 영역 (제품 현지화, 마케팅 전략 등)	완전한 자율성이 장려되는 영역 (사용자 경험 개선, 현지 파트너십 구축 등)

▶결과: 해외 진출 과정에서 발생했던 혼란을 크게 줄이고, 각 현지팀이 주어진 가이드라인 내에서 창의적으로 문제를 해결할 수 있었다. 의사결정 시간은 평균 32퍼센트 단축되었고, 실행 완수율은 48퍼센트 향상되었다.

4. 얼라인 4단계 전략

성장하는 조직은 정체성을 유지하면서도 역할과 책임을 명확히 해야 한다.

1단계: 직무 정렬 워크숍

전 직원이 참여하여 '실제로 하고 있는 일'을 목록화하고

이를 기반으로 1차 직무기술서JD, Job Description 작성

2단계: 전략적 얼라인 기준 수립

각 팀의 직무기술서에 조직 미션과 연결되는 핵심 KPI를 명시하여

일의 의미를 명확히 인식하도록 설계

3단계: 역할 간 경계 명확화+협업 조정 프로세스 도입

공통 업무 흐름과 협업 책임 구간을 별도 정리

4단계: 직무 재설계 파일럿 제도 운영

3개월 단위로 직무 기술서를 점검하고,

실제 일과 괴리가 발견되면 즉각 조정

▶결과: 6개월 만에 구성원들의 직무 만족도가 40퍼센트 이상 향상되었으며, KPI 달성률도 1.7배 증가했다. 특히 직무 일치도 지수는 58퍼센트에서 87퍼센트로 크게 향상되었다.

얼라인 과정에서의
저항과 장애물 극복
—

1. 익숙함에 대한 집착: "지금까지 잘해왔는데 왜 바꿔야 하나요?"

낯설고 새로운 것에 거부감을 느끼는 건 팀원이나 리더 들 모두가 마찬가지입니다. 이럴 때는 한순간에 전면적으로 변화를 도입하기보다는 파일럿 프로젝트를 통해 먼저 성공 사례를 직접 보여준 뒤에 긍정적인 반응을 점진적으로 확산시키는 것이 유리합니다.

2. 권력 상실에 대한 두려움: "새로운 시스템에서는 제 영향력이 줄어들 것 같아요."

탑다운 방식의 조직 구조에 익숙한 리더들은 얼라인 모드가 자신의 리더십 영역을 축소시킬 거라고 두려워합니다. 그런 생각을 가지고 있는 리더들은 직접 설득하기보다 영향력이 있고 동료들에게 지지를 받는 옹호자를 먼저 발굴하여 지원하는 것이 저항을 보다 쉽게 극복하는 방법입니다.

3. 능력 부족에 대한 불안: "새로운 방식에 적응할 자신이 없어요."

팀원이나 리더가 머뭇거리고 있는 상황에서도 비즈니스 환경은 계속해서 변화합니다. 달라지는 환경에 적응하는 것에서 오는 명확한 이점을 제시하고 지속적으로 커뮤니케이션해야 합니다.

4. 가치 충돌: "이런 방식은 우리 회사의 가치와 맞지 않아요."

파일럿 프로젝트를 추천하는 이유입니다. 먼저 설계 단계부터 실행까지 다양한 수준에서 구성원들의 참여 기회를 확대해야 합니다.

이밖에도 다양한 이유에서 저항이 나타날 수 있습니다. 새로운 역량을 개발하기 위해서 효율적인 교육과 코칭을 제공하여 지속적으로 지원해주어야 합니다. 정 사장의 사례에서 특히 주목할 만한 점은 해외 진출팀의 저항 극복 과정이었습니다. 처음에는 자율성 제한에 강하게 반발했지만 '자율성 영역 매핑' 과정에 직접 참여하면서 레드존-옐로존-그린존의 구분이 오히려 불필요한 간섭을 줄이고 핵심 영역에서의 일관성을 유지할 수 있다는 점을 스스로 깨닫게 되었습니다.

얼라인 영역 간
상호작용과 영향

—

얼라인의 각 영역은 독립적으로 작용하는 것이 아니라 서로 밀접하게 연결되어 있습니다. T사의 경험에서 발견된 주요 상호작용은 다음과 같습니다.

1. 대인관계와 공정성-타당성 연결

- 리더와 팀원 간 신뢰 관계가 강할수록 성과 기반 평가(타당성)에 대한 수용도가 높아집니다.
- 반대로 대인관계가 약할 경우에는 공정성에 대한 요구가 더 커지는 현상을 발견했습니다.

2. 통제-자율성과 직무 정의의 시너지

- 적절한 통제-자율성의 균형이 이루어질 때, 역할과 책임이 더욱 명확해집니다.
- 자율성이 높은 영역에서 탄생한 아이디어가 핵심 업무 효율성을 높이는 선순환을 발견했습니다.

3. 직무 정렬과 구성원 관계의 상호 강화

- 역할이 명확해질수록 대인관계의 갈등이 감소하고 협업이 증대합니다.
- 대인관계가 개선되면 직무 경계에 대한 유연성과 이해도가 증대합니다.

이러한 얼라인 기능의 중요성은 고위직 관리자뿐만 아니라 현업 실무진 간에도 부각되고 있습니다. 일례로 우아한형제들(배달의민족)에서는 프로덕트 디자이너Product Designer라는 직무가 존재하며, 전통적인 UI/UX 디자인 직무 수행에 그치지 않고, 고객 경험을 설계하며, 회사 내 팀 간의 집단지성을 코디네이팅하는 기능을 수행합니다. 즉, 프로덕트 디자이너는 기획자, 개발자, 마케터, 데이터 분석가 등 각기 다른 전문 직군 간에 이루어지는 있는 기능에서 시너지 효과를 극대화하기 위한 체계적인 얼라인 작업을 전담하고 있는 것입니다. 우아한형제들의 프로덕트 디자이너들은 '사용자 중심의 최소 개입Minimal interventaion'의 원칙하에, 고객이 자연스럽게 행동하는 시스템을 위한 집단지성의 촉매제 역할을 수행합니다.

미래 트렌드와
얼라인 전략의 진화

—

향후 얼라인 모드는 다음과 같은 트렌드에 맞춰 진화할 전망입니다.

1. AI 주도 얼라인

- AI 도구를 활용한 실시간 얼라인 모니터링
- 데이터 기반 얼라인 의사결정 지원 시스템

2. 하이브리드/원격 환경의 얼라인

- 물리적 공간과 디지털 공간에서의 일관된 경험 설계
- 시공간을 초월한 협업 패턴의 정렬

3. 세대 통합 얼라인

- Z세대부터 베이비부머까지 공존하는 조직에서의 가치 정렬
- 세대 간 지식 전수와 혁신의 균형

4. 주도적 자기 얼라인

- 리더의 일방적 정렬이 아닌, 구성원들이 주도하는 얼라인 문화
- 자기 조직화 팀의 확산과 얼라인의 분산화

리더십의 진짜 힘은 강압적으로 이끄는 것이 아니라 자율적 정렬에 있습니다. 상황에 따라 요소를 정밀하게 조율하고, 끊임없이 재정렬할 수 있는 리더만이 효율성과 효과성의 두 마리 토끼를 모두 잡는 피트 크루팀을 만들어낼 수 있습니다. 얼라인 모드는 모든 구성 요소가 조화롭게 작동하도록 하는 리더십의 핵심 기술이며, 변화의 시대에 필수적인 리더십 역량입니다.

얼라인 모드의 마스터플랜			
얼라인 영역	정렬 대상	전략 키워드	실천 단계
구성	리더-팀원-팀 다이나믹스*	상황 인식, 문화 감수성, 피드백	이해→소통→조정→강화
보상	평가·보상 시스템	기준의 명확화, 커뮤니케이션	진단→투명화→균형화→피드백
개입	리더의 운영 스타일과 팀의 창의성	권한 위임, 실시간 피드백 시스템	영역 구분→명확화→실험→확장
단계	역할 정의와 인재 배치	JD 리디자인, KPI 얼라인	현황 파악→재설계→연결→조정

---

* 팀의 운영 방식을 형성하는 상호 작용, 관계 및 행동

"리더십은 통제와 자율의 정렬에서 시작된다 - 모든 요소를 목적에 맞게 조율하라."

전환 실천 포인트
1. 변화 상황별로 리더십 스타일을 유연하게 조정한다.
2. 위기·일상·혁신 상황을 구분하고 맞춤 전략을 설계한다.
3. 구성원 직무와 책임을 명확히 정렬하고 역할을 조정한다.
4. 통제와 자율의 적절한 균형점을 설정한다.
5. 정기적인 재정렬 루틴을 운영한다.

셀프 체크리스트		
전환 실천 포인트	체크 문항	✓
1. 상황별 리더십 조정	위기/일상/혁신 상황에 따라 리더십 스타일을 다르게 적용한다.	☐
	하나의 리더십 방식을 모든 상황에 고집하지 않는다.	☐
2. 상황 구분과 전략 설계	우리 조직은 상황을 구분하고 그에 맞는 전략을 수립한다.	☐
	프로젝트마다 통제·자율의 강도를 다르게 설정한 경험이 있다.	☐
3. 직무 정렬과 조정	팀원들의 실제 업무와 직무기술서JD를 정기적으로 점검한다.	☐
	역할과 책임이 중복되거나 사각지대가 없도록 조정해본 적 있다.	☐
4. 통제-자율 균형 설계	팀 내 자율성 부여와 통제 기준을 명확히 구분해본 경험이 있다.	☐
	자율성 영역 매핑(레드/옐로/그린존 등)을 활용해본 적 있다.	☐
5. 재정렬 루틴 운영	팀 구조와 역할을 분기별 또는 반기별로 정렬한 적 있다.	☐
	정기적인 회고와 프로세스 조정을 통해 불필요한 업무를 제거했다.	☐

예 = 1점, 아니요 = 0점

점수	해석
9~10점	얼라인 리더십이 잘 구축되어 있으며, 조직 내 최적 정렬 시스템이 가동 중이다.
6~8점	상황 인식과 역할 조율의 기반은 있으나, 자율-통제 균형 설계가 더 필요하다.
0~5점	일관된 정렬 없이 리더십이 작동 중일 수 있다. 상황 구분과 역할 정비가 시급하다.

요약 가이드

· 잘하고 있습니다
- 리더십 스타일을 상황별로 전환하고 있다.
- 통제와 자율성을 탄력적으로 운용한다.
- 직무와 책임이 명확히 정렬돼 있다.

· 노력이 필요합니다
- 모든 상황에서 동일한 리더십 방식으로 대응하고 있다.
- 역할 중복 또는 공백이 존재한다.
- 구성원 자율성에 대한 가이드라인이 불명확하다.

3부

조직의
전환

AI Organization Traffic System

"개인과 리더의 변화를 조직 전체로 확장하여 세대 간 공존, 협업 문화, 하이브리드 환경을 통합적으로 조율하는 지속 가능한 변화 시스템을 구축해야 한다."

오늘날의 조직은 복잡한 도시의 교통 시스템과 같습니다. 수많은 차량이 각자의 목적지를 향해 움직이고, 다양한 속도와 방향으로 흘러가며, 때로는 충돌과 정체를 겪기도 합니다. 이럴 때 스마트 교통 시스템이 차량들의 움직임을 조화롭게 만들듯, 현대 조직에도 AI를 활용한 새로운 운영 체계가 필요합니다.

우리가 몸담고 있는 직장도 마찬가지입니다. 베이비부머부터 Z세대까지, 현장 근무자부터 원격 근무자까지, 전통적 소통 방식의 선호자부터 디지털 네이티브까지, 다양한 구성원들이 하나의 목표를 향해 움직여야 합니다. AI 시대에는 기술뿐 아니라 이러한 다양성을 조화롭게 관리하는 시스템이 조직의 성패를 좌우합니다.

3부에서는 이렇게 복잡한 조직의 움직임을 어떻게 조화롭게 만들 수 있는지, 네 가지 핵심 요소를 통해 살펴보겠습니다.

Chapter 10: 멀티레인Multi-lane—AI 시대 세대 간 협업 증진
Chapter 11: 스마트 트래픽Smart Traffic—AI 기반의 협업 체계 구축
Chapter 12: 새로운 규칙 New Rules—AI 시대의 조직 문화 재정의
Chapter 13: 모니터링 시스템Monitoring System—지속 가능한 성장

이제는 미래를 향한 새로운 교통 시스템을 설계할 시간입니다. AI를 단순한 도구가 아닌 조직 시스템의 핵심 요소로 통합하여, 모든 구성원이 최고의 역량을 발휘할 수 있는 환경을 만들어보시길 바랍니다.

당신의 조직은 어떤 시스템으로 움직이고 있나요? 그리고 AI 시대에 어떤 시스템으로 발전해야 할까요?

멀티레인
Multi-lane
- AI 시대 세대 간 협업 증진

"서로 다른 차선에서 함께 달리기"

—

'아… 또 회의할 시간에 일을 했으면 기획안 세 개는 완성했을 텐데.'

IT 서비스 스타트업의 정소연 매니저(33세)는 월요일 아침 회의 일정 알림을 보며 한숨을 내쉬었다. 이번 주에만 벌써 세 번째 대면 회의였다. 그가 보기에 이 모든 회의는 메신저나 협업 툴로 해결할 수 있는 일이었다.

'CTO는 왜 모든 논의를 꼭 한 자리에 모여서 해야 한다고 고집할까?'

한편, 회의실을 준비하던 박진호 CTO(52세)는 다른 생각에 빠져 있었다.

'요즘 젊은 친구들은 왜 이렇게 메신저로만 소통하려고 할까? 아이디어가 충돌하고 섞이는 건 모니터 속이 아니라 같은 공간에서 얼굴을 맞대고 이야기할 때인데….'

두 사람 모두 회사의 성공을 바라고 최선의 결과를 위해 노력했지만, 일하는 방식에 대한 근본적인 관점 차이가 눈에 보이지 않는 벽을 만들어냈다.

위기는 새로운 서비스 출시를 2주 앞둔 시점에 찾아왔다. 정 매니저는 AI 도구를 활용한 실시간 피드백을 위해 디지털 협업 툴을 활용한 빠른 의사결정을 주장했고, 박 CTO는 AI가 제공하는 모든 정보도 모든 팀원이 한자리에 모여 철저한 검토를 거쳐야 한다고 주장했다. 팀은 갈등으로 분열되기 시작했다. 그때 CEO가 중재에 나섰다.

"두 분 다 옳습니다. 소연 매니저의 민첩성과 진호 CTO의 신중함, 두 가지 모두 우리에게 필요합니다. 마치 고속도로의 다른 차선처럼요. 빠른 차선과 안정적인 차선이 각자의 역할을 하면서 함께 앞으로 나아가는 겁니다."

이 말을 계기로 두 사람은 '멀티레인 협업 모델'을 구축했다. 첫 단계 검토는 비동기식 소통(메신저, 이메일 등 실시간으로 이루어지지 않는 소통 방식)으로, 최종 검토는 집중적인 대면 미팅으로 진행하는 방식이었다. 정소연의 디지털 민첩성과 박진호의 경험 기반 통찰력이 시너지를 내기 시작했고, 예상보다 훨씬 완성도 높은 서비스를 기한 내에 출시할 수 있었다. 이 경험을 통해 두 사람은 세대 차이는 극복해야 할 장애물이 아니라, 활용해야 할 기회임을 깨달았다.

멀티세대 시대의 도래

—

2025년 출시된 제네시스 G90 시리즈에는 멀티 챔버 에어 서스펜션이 탑재되어 있습니다. 고속도로에서는 빠른 스포츠 모드로, 도심에서는 안정적인 컴포트 모드로, 주행 속도와 환경에 따라 최저 지상고를 4단계(높음, 보통, 낮음, 매우 낮음)로 설정할 수 있습니다. 현대 조직도 이처럼 다양한 세대가 각자의 특성을 살리며 함께 달릴 수 있는 멀티 레인 시스템이 필요합니다.

오늘날 조직은 최대 여섯 세대가 공존하는 특별한 시기를 맞이했습니다. 마치 6차선 고속도로와 같죠.

교통사고의 대부분은 차선을 변경할 때 발생합니다. 조직의 세대 갈등도 마찬가지입니다. 서로 다른 속도와 스타일을 이해하지 못할 때 충돌이 일어나죠. 조직에서 아래와 같은 상황에서 가장 많은 생각과 충돌이 나타납니다.

자주 발생하는 충돌 포인트

• 업무 방식의 충돌

"왜 굳이 회의실에서 만나야 하나요?" (Z세대)

"중요한 논의는 직접 얼굴을 보며 해야죠." (베이비부머)

세대별 소통 특징			
차선/세대	강점	특징	소통 선호도
1차선/ 베이비부머	• 풍부한 경험을 통한 '길 읽기' 능력	• 조직에 대한 높은 로열티 • 체계적인 업무 처리	• 공식적이고 구조화된 소통 • 서면 보고서와 공식 회의 • 직접적인 대면 소통 ▶디지털 도구에는 익숙하나, 상황에 따라 전화/대면 소통 병행 필요
2차선/ X세대	• 아날로그와 디지털의 가교 역할	• 실용주의적 접근 • 변화 관리 능력	• 간결하고 실용적인 메시지 • 이메일이 주요 소통 채널 • 명확한 목적과 결과 중심 소통 ▶디지털 도구에는 익숙하나, 상황에 따라 전화/대면 소통 병행 필요
3차선/ 전기 밀레니얼	• 디지털 적응력과 전통적 가치 이해	• 일과 삶의 균형 추구 • 수평적 소통 선호	• 이메일이 공식 소통 창구, 메신저는 보조 수단 • 대면 회의와 화상 회의를 유연하게 선택 • 전화 통화도 여전히 중요한 소통 채널 ▶형식적인 소통은 거리감을 유발할 수 있음
4차선/ 후기 밀레니얼	• 글로벌 감각 • SNS 네트워킹 능력	• 자기주도적 업무 수행 • 유연한 적응력	• 협업 도구를 통한 업무 소통 • 직접적인 메시지보다 그룹 채팅과 협업 공간에서의 소통 • 영상, GIF, 이모티콘 등 다양한 미디어 요소를 활용 ▶메신저로 모든 내용을 처리하려는 성향으로, 중요한 결정은 문서화나 회의 병행 필요
5차선/ Z세대	• 디지털 네이티브 • AI 도구를 자연스럽게 업무에 통합하는 능력	• 목적 지향적 업무 태도 • 수평적 관계 지향	• 텍스트보다 이미지, 영상, 음성 등 멀티미디어 활용 • 짧은 메시지와 숏폼 콘텐츠를 통한 정보 교환 • 실시간 스트리밍과 인터랙티브 미디어를 통한 소통 ▶일방적 지시나 반복된 설명 대신 실시간 대화, 즉각적인 피드백이 중요
6차선/ 알파세대	• AI와의 공동 작업 능력	• 빠른 피드백 및 비대면 지향 • 철저한 개인화	• 음성 명령과 대화형 AI를 통한 자연스러운 소통 • 증강현실AR과 가상현실VR을 활용한 몰입형 소통 • 동영상과 인터랙티브 콘텐츠 중심의 정보 소비 ▶대화형 인터페이스와 체험형 콘텐츠로 커뮤니케이션 환경 조성 필요

- 소통 방식의 차이

  "메신저로 빠르게 처리하면 될 일을…." (밀레니얼)

  "공식 문서로 남겨야 뒤탈이 없습니다." (X세대)

- AI 활용도의 차이

  "이 반복 작업은 AI에게 맡기면 되는데요." (Z세대)

  "중요한 검토는 사람의 눈으로 직접 해야 합니다." (베이비부머)

- 가치관의 차이

  "야근이 필요한 건 일정 관리가 잘못된 거 아닌가요?" (Z세대)

  "열정과 헌신이 부족한 것 같아요." (베이비부머)

90년대생의 특성과 소통 방식

—

오늘날 조직에서 가장 큰 도전 중 하나는 나와 다른 세대와의 소통입니다. 90년대생들은 기성 세대와는 전혀 다른 방식으로 업무를 바라보고 있죠. 한 중년의 임원은 이렇게 고백합니다.

"젊은 직원들과 일하는 게 때론 외계인과 대화하는 것 같아요. 지난주 중요한 프로젝트 마감을 앞두고 있어서 다들 야근하면서 고생했는데, 신입 직원 하나가 '왜 업무 시간 내에 끝내지 못한 건가요? 이건 일정 관리가 잘못된 거 아닌가요?'라고 하더군요. 우리 때는 상상도 못할 일이에요."

반면 그 상황을 겪은 Z세대 직원은 이렇게 말합니다.

"부장님은 마감이 늦어진 걸 만회하기 위해 모두가 야근하는 게 당연하다고 생각하세요. 하지만 저는 궁금했어요. 왜 처음부터 현실적인 일정을 짜지 않았는지, 왜 중간점검이 제대로 이뤄지지 않았는지…. 결국 직원들의 저녁 시간을 희생하는 게 최선의 해결책일까요?"

이러한 갈등 상황을 이해하기 위해서는 Z세대가 업무 상황에서 자주 던지는 세 가지 핵심 질문에 주목할 필요가 있습니다.

1. **"이걸요?"**: 업무의 이유와 필요성, 기대효과에 대한 설명 요구

   - 야근이 정말 필요한 상황인지에 대한 의문

   - 기존 업무 방식의 효율성 검토 요구

2. **"제가요?"**: 업무 담당자 선정 이유에 대한 설명 요구

   - 업무 배분의 공정성에 대한 관심

   - 개인의 역량과 업무 적합성 고려 요청

3. **"왜요?"**: 업무의 정확한 내용과 목적에 대한 설명 요구

- 프로세스 개선 가능성 탐색

- 보다 효율적인 대안 제시

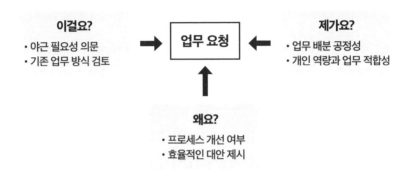

이런 간극은 세대 차이를 넘어서, 일하는 방식과 삶의 가치관 차이를 보여줍니다. 같은 상황을 바라보는 시각이 이토록 다르기에 서로를 이해하고 존중하는 자세가 더욱 중요합니다.

이는 도로 위를 각기 다른 종류의 자동차들이 함께 달리는 것과 같습니다. 베이비부머 세대는 수동 변속기의 정교함과 통제력을 중시하고, X세대는 안정적인 자동변속기의 효율을 추구하며, 밀레니얼 세대는 하이브리드의 유연성을 선호하고, Z세대는 전기차의 혁신을 당연하게 여깁니다. 중요한 것은 이러한 차이를 인정하고, 각자의 방식이 가진 장점을 살리는 것입니다.

멀티레인 시너지 창출 전략

—

급변하는 비즈니스 환경 속에서 조직의 지속 가능한 성장을 위한 핵심 열쇠는 다양한 세대가 공존하는 '멀티레인 조직 생태계'를 구축하는 것입니다. 멀티레인 시너지 전략은 단순한 세대 간 통합을 넘어, 각 세대의 고유한 강점과 전문성을 유기적으로 연결함으로써 조직 전체의 실행력과 혁신 역량을 지원하는 전략적 협업 시스템입니다.

1. 차선 매칭 시스템: 세대 간 전문성의 전략적 교환

차선 매칭 시스템은 서로 다른 세대의 구성원들이 각자의 전문성을 교환하고 상호 보완할 수 있도록 하는 체계적인 프레임워크입니다. 이 시스템은 세대 간 지식 격차를 좁히고 조직 전체의 역량을 균형 있게 향상시킵니다.

- **AI 도구 활용 역멘토링 프로그램**AI reverse mentoring
  - 디지털 네이티브인 Z세대와 밀레니얼 세대가 최신 AI 도구, 신기술, 트렌드를 선배 세대에게 체계적으로 전파
  - 주 1회 '디지털 스킬 공유 세션'을 통한 지식 이전과 활용도 확대
  - 혁신적 사고방식과 디지털 솔루션에 대한 실시간 인사이트 제공

- 전통적 멘토링 시스템legacy mentoring

  - 베이비부머와 X세대, 밀레니얼 세대는 축적된 전략적 통찰력, 위기 관리 경험, 조직 운영 노하우를 체계화하여 후배 세대에게 전수
  - 산업별 맥락과 조직 문화 이해를 통한 의사결정 역량 강화
  - '경험 지식 디지털화 프로젝트'를 통한 암묵지의 형식지화 추진

2. 스마트 차선 변경: 유연한 역할 설계와 전환

프로젝트 단계와 과제 특성에 따라 세대별 강점이 최적으로 발휘될 수 있도록 유연하게 역할을 조정하고 전환하는 전략적 시스템입니다.

- **과제 맞춤형 최적 배치 모델**

  - 전략적 판단이 중요한 때에는 경험 기반의 시니어 중심으로 운영
  - 실행 민첩성이 핵심인 단계에서는 디지털 네이티브 세대의 기술력과 속도 활용
  - '과제 성격-세대 강점' 매트릭스로 체계적 인력 배치 시스템 구축

- **다이나믹 역할 순환 시스템**

  - 프로젝트 진행 단계마다 리더십과 실무 책임을 전략적으로 전환하는 '릴레이 리더십' 모델
  - 의사결정자-실행자-검증자 역할을 세대 간 순환하는 '트라이앵글

책임 모델'

- 모든 구성원이 다양한 역할을 경험하며 종합적 시각과 협업 역량
  강화

3. 세대 간 소통 브릿지: 협업을 위한 커뮤니케이션 인프라

멀티세대 조직에서는 세대 간 통역이 가능한 커뮤니케이션 시스템이 필수적입니다. 각 세대의 독특한 소통 방식, 채널 선호도, 표현 방법을 심층적으로 이해하고 연결하는 소통 훈련이 필요합니다.

- **세대 간 소통 민감도 훈련 프로그램**
  - 전 구성원 대상 '세대 언어 이해하기' 워크숍 정기 운영
  - 세대별 소통 특성에 대한 인식 제고 및 상호 이해 증진
  - 가상의 세대 간 갈등 상황을 시뮬레이션하는 롤플레잉 훈련

- **존중과 상호인정 기반의 협업을 위한 팀 코칭**
  - 연령이 아닌 전문성과 기여도에 기반한 소통 시스템
  - 세대 간 지식과 경험을 교환하는 '공유' 팀 코칭 실행
  - 세대 다양성을 조직의 핵심 경쟁력으로 인식하는 문화적 패러다임
    구축

멀티레인 시너지 전략은 각 세대의 언어와 가치를 깊이 이해하고 전략적으로 연결하는 조직 문화의 근본적 패러다임 전환입니다. 이 전략의 체계적 실행을 통해 조직은 각기 다른 차선을 달리는 다양한 세대의 구성원들이 공동의 비전을 향해 조화롭게 나아가는 통합된 혁신 생태계를 구축할 수 있습니다.

세대 차이를 넘어서는 리더십
: 기업의 혁신 여정
—

이해와 존중, 이 두 단어는 현대 기업의 가장 큰 숙제입니다. 수많은 기업들이 세대 갈등이라는 깊은 골짜기 앞에서 답을 찾지 못하고 있습니다. 하지만 몇몇 선도적인 기업들은 이미 해답을 찾아가고 있죠. 여기서 성공과 실패가 판가름이 납니다.

"디지털은 도구일 뿐, 본질은 인간입니다Digital First, Human Always."
여성 주도 데이팅앱 범블의 CEO 휘트니 울프 허드Whitney Wolfe Herd의 이 말은 새로운 시대의 리더십을 상징합니다. 밀레니얼 세대인 그녀는 범블을 통해 완전히 다른 접근을 보여줬습니다. 기업 철학으로 세대 간 장벽을 허물어버린 것입니다.

2024년, 최연소 여성 포춘Fortune 500 CEO가 된 그녀는 팬데믹이라는 위기를 기회로 바꾸었습니다. 전 세계 직원들의 85퍼센트 참여도와 40퍼센트의 매출 성장이라는 기적을 만들어낸 비결은 바로 '세대를 초월한 공감'이었습니다.

우리의 여정은 계속된다

깊어가는 저녁, 실리콘밸리의 한 스타트업 사무실. 백발의 베테랑 어드바이저와 20대 창업가가 마주 앉아 있습니다.

"실패해도 괜찮아요. 빠르게 실패하고, 더 빠르게 배우면 되니까요."

"맞아요. 내가 30년 동안 깨달은 것을 당신은 3년 만에 깨달았네요."

젊은 창업가의 말에 노년의 멘토가 미소 짓습니다. 이들의 사례가 우리에게 주는 교훈은 명확합니다. 세대 차이는 극복의 대상이 아닌, 혁신의 원동력이 될 수 있다는 것입니다. 각 세대의 강점을 인정하고, 서로의 약점을 보완하며, 함께 성장할 때 진정한 변화가 시작됩니다.

멀티레인 운영 가이드

- **인식의 전환**

  - 세대 차이를 문제가 아닌 기회로 인식

  - 다양성이 혁신을 만든다는 믿음 공유

  - 상호 존중의 문화 구축

- **시스템의 전환**

  - 유연한 업무 환경 구축

  - AI 도구의 세대별 맞춤형 도입 전략

  - 세대 간 AI 리터러시 격차 해소 프로그램

- **행동의 전환**

  - 세대 간 교류 활성화

  - 상호 학습 문화 정착

  - 공동의 가치 창출

우리가 진정으로 고민해야 할 것은 세대 차이를 없애는 것이 아닙니다. 오히려 이 차이를 통해 무엇을 배우고, 어떻게 함께 성장할 수 있을지를 고민하는 것입니다. 이 과정에서 가장 중요한 것은 소통의 성숙도입니다. 서로의 세대를 이해하고 품어줄 수 있는 여유와 공감대 형성도 중요합니다.

모든 세대가 심리적 안정감과 동료애를 느끼며 함께 편안하고 자유롭게 소통할 때 진정한 몰입이 가능해지고 업무에서 재미를 느껴 성과로 연결되는 놀라운 경험을 할 수 있습니다. 가장 중요한 것은 서로에 대해 더 깊게 이해할 수 있도록 관심과 호기심을 갖고 소통하는 것입니다.

"다양한 세대가 공존하는 AI 시대 조직은 차선이 다른 도로 – 균형 있는 교통 시스템이 필요하다."

전환 실천 포인트

1. 각 세대의 특성과 일하는 방식 및 AI 활용 수준을 이해하고 존중한다.
2. 세대 간 갈등을 기회로 보고 공감 기반 대화를 시도한다.
3. 공동의 가치와 목표를 설정해 세대 간 연결고리를 만든다.
4. AI 도구 활용, 상호 학습과 멘토링 문화로 세대 간 배움을 활성화한다.
5. 세대 차이를 반영한 유연한 제도와 AI 리터러시 지원 시스템을 설계한다.

셀프 체크리스트		
전환 실천 포인트	체크 문항	✓
1. 세대 이해와 존중	우리 조직의 각 세대 특성(베이비붐~Z세대)과 AI 활용 역량 차이를 알고 있다.	☐
	다른 세대의 표현 방식이나 일하는 방식을 존중한다.	☐
2. 갈등을 기회로 전환	세대 간 충돌 상황에서 공감 기반 대화를 시도한 적이 있다.	☐
	갈등을 피하기보다 생산적 논의로 전환한 사례가 있다.	☐
3. 공동 가치 설정	세대를 초월한 공동 목표나 가치를 명확히 공유한다.	☐
	AI 활용의 업무 목적과 방향성에 대해 세대 간 인식 차이를 줄이려 노력한다.	☐
4. 상호 학습 문화	세대 간 상호 AI 멘토링이나 지식 공유 프로그램이 있다.	☐
	나보다 나이가 많거나 적은 동료로부터 배운 경험이 있다.	☐
5. 유연한 제도 설계	제도나 정책에 세대별 AI 리터러시 차이를 반영하려 노력한다.	☐
	특정 세대의 니즈를 고려한 맞춤형 학습 기회를 제공한다.	☐

예 = 1점, 아니요 = 0점

점수	해석
9~10점	AI 시대의 멀티세대 리더십이 잘 작동 중이며 세대 간 시너지가 높다.
6~8점	기본 이해와 소통은 있으나 AI 활용 상호 학습과 제도 설계 강화가 필요하다.
0~5점	세대 이해 및 AI 활용 격차로 갈등 발생 가능성이 높다. 문화적 통합 전략 도입이 시급하다.

요약 가이드

· **잘하고 있습니다**
- 각 세대의 특성과 AI 활용 니즈를 존중하고 있다.
- 공동의 목표로 팀을 연결하고 AI 도구의 목적을 명확히 공유한다.
- 상호 멘토링과 유연한 AI 활용 제도가 마련돼 있다.

· **노력이 필요합니다**
- 특정 세대 중심의 사고방식에 머물러 있거나 강요하는 경향이 있다.
- 갈등 회피 또는 방치로 세대 간 단절이 있다.
- AI 도구 도입 시 제도나 문화가 세대별 적응 속도와 학습 방식의 다양성을 포용하지 못하고 있다.

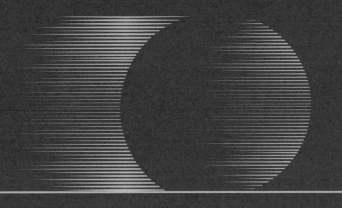

CHAPTER 11

스마트 트래픽
Smart Traffic
- AI 기반의 협업 체계 구축

현대 조직에서 협업은 함께 일하는 것을 넘어, 팀의 성과를 극대화하고 혁신을 창출하는 핵심 전략으로 자리 잡고 있습니다. 맥킨지의 최신 연구에 따르면, 효과적인 협업 문화를 가진 조직은 그렇지 않은 조직에 비해 재무적 성과가 평균 23퍼센트 높은 것으로 나타났습니다. 그러나 진정한 협업 마인드셋을 갖추는 것은 생각만큼 간단하지 않습니다. 기존의 탑다운top-down 방식에서 벗어나 권한과 책임을 유연하게 나누는 새로운 방식의 리더십과 팀워크가 필요합니다.

글로벌 표준으로
협업 문화 개선하기

—

대기업 P사는 오랫동안 견고한 위계질서와 보수적인 의사결정 구조로 운영되어 왔다. 그러던 중 회사는 미국에서 오랜 경력을 쌓은 교포 출신 정이경 사장(48세)을 영입했다. 정 사장은 외국계 기업과 국내 대기업 S사, L사를 거치면서 글로벌 감각을 갖춘 경영자였다. 그러나 취임 첫날, 정 사장은 충격적인 현실과 마주했다.

"회의실에 들어가자 모든 시선이 저를 향했습니다. 제가 말을 시작하기 전까지 아무도 발언하지 않았죠. 회의는 일방적인 보고 형식이었고, 제가 질문을 던져도 대답하는 사람은 동일한 극소수 인원에 불과했습니다. 이전에 경험했던 글로벌 기업의 활발한 토론 문화와는 완전히 달랐습니다."

P사는 하나부터 열까지 오너 중심에, 위에서 아래로 결정이 내려오는 탑다운 구조로 진행되고 있었다. 그런 과정에서 혁신이 일어날 리 없었다. 실무를 맡고 있는 담당자들의 목소리는 거의 반영되지 않았고, 새로운 아이디어를 제안해도 수많은 결재 단계를 거치는 과정에서 대부분 희석되거나 사라졌다. 부서 간 소통도 문제였다. 마케팅팀과 R&D팀은 서로 다른 언어를 쓰는 것처럼 딴 세상에 있어 협업이 원활하게 이루어지지 않았다. 모두 한 건물에서 일하고 있지만 다른 회사에서 일하는 것과 마찬가지였다.

"이전에 일했던 글로벌 기업들은 더 공격적이었습니다. 하지만 주주의 이익을 대변했지, 오너의 이익을 대변하지 않았죠. 이 조직 문화를 어떻게 바꿀 수 있을지 처음에는 막막했습니다."

CF팀 도입

정이경 사장은 첫 번째 변화로 '크로스펑셔널팀 Cross-functional Team'을 도입했다. 이는 기존의 수직적 구조를 타파하고 부서 간 장벽을 허무는 첫 단계였다.

"처음에는 많은 저항이 있었습니다. 부서장들은 자신의 권한이 약화될까 봐 우려했고, 팀원들은 업무 부담이 생길까 봐 걱정했죠. 하지만 우리는 작은 성공 사례부터 만들어갔습니다."

첫 시도로 해외 시장 진출 프로젝트에 마케팅, R&D, 생산, 재무, 법무팀에서 각각 한두 명의 전문가를 선발해 독립적인 CF팀을 구성했다. 이 팀에게는 일반적인 결재 라인을 우회할 수 있는 특별 권한을 부여했고, 주 단위로 진행 상황을 직접 CEO에게 보고하게 했다.

▶결과: 6개월 후, 기존 방식보다 40퍼센트 빠르게 해외 시장 진출 전략을 수립하고 실행에 옮겼다. 이 성공 사례가 조직 전체에 큰 반향을 일으켰다.

권한위임과 성과관리의 변화

정이경 사장은 P사에서 권한위임의 어려움을 직접 체험했다.

"이번에도 중간관리자들이 가장 큰 저항감을 보였습니다. 그들은 '이런 중요한 결정을 어떻게 팀원에게 맡길 수 있습니까?'라고 물었고, 저는 '우리가 그들을 신뢰하지 않는다면, 어떻게 최고의 성과를 기대할 수 있겠습니까?'라고 반문했습니다."

정 사장은 점진적인 변화 전략을 선택했다. 먼저 권한위임의 범위를 명확히 설정하고, 중요하지만 리스크가 적은 영역부터 시작했다. 각 직급과 역할에 따라 어떤 결정을 내릴 수 있는지 명확히 정의한 권한위임 매트릭스를 개발했다. 이를 통해 구성원들은 자신의 권한 범위를 정확히 알 수 있었고, 리더들은 불필요한 미세 관리에서 벗어날 수 있었다.

정 사장은 성과관리 시스템 역시 근본적으로 변화시켰다. 기존의 성과평가는 상사의 주관적 판단에 크게 의존했고, 부서 간 경쟁을 조장했다. 이로 인해 타 부서와의 협업이 원활하게 이루어지지 않았던 문제를 발생시키기도 했다. 이번 변화에서는 '협업 기반 성과평가'라는 새로운 시스템을 도입했다.

▶결과: 처음에는 혼란이 있었지만, 1년 후에는 눈에 띄는 변화가 나타났다. 부서 간 협업이 증가했고, 성과평가에 대한 만족도도 크게 향상되었다.

P사의 사례는 이러한 변화가 단순한 이상이 아닌 실현 가능한 현실임을 증명했다. CF팀 도입으로 프로젝트 완료 시간이 40퍼센트 단축됐고, 신시

장 진입률이 두 배 상승했다. 권한위임과 성과관리 개선으로 부서 간 협업이 52퍼센트 증가했으며, 리더십 프로그램을 통해 86퍼센트의 관리자가 경청과 피드백 능력을 향상시켰다. 그 결과 3년 만에 매출 25퍼센트 증가, 직원 만족도 두 배 상승, 이직률 절반 감소라는 놀라운 성과를 이뤘다.

커뮤니케이션 혁신

정 사장은 P사의 소통 방식을 근본적으로 변화시키기 위해 일방적인 보고 형식이었던 기존 회의를 뒤집고 '열린 대화 Open Dialogue' 프로그램을 도입했다.

열린 대화 프로그램의 핵심 원칙

1. 모든 아이디어는 가치가 있다: 직급이나 부서에 관계없이 모든 의견이 존중된다.
2. 질문이 답보다 중요하다: 리더는 답을 제시하기보다 좋은 질문을 던지는 역할을 한다.
3. 안전한 도전 환경: 기존 관행에 대한 건설적인 비판이 장려된다.
4. 한 걸음 뒤에서 관찰하기: 리더는 직접적인 개입보다 팀의 자율적 문제해결을 지원한다.
5. 성숙하고 존중하는 피드백: 상호 피드백 시 서로의 입장을 이해하며 존중하는 피드백으로 소통한다.

P사는 오픈 대화 프로그램을 통해 소통 방식을 혁신하면서, AI 기반 데이터 분석 도구를 회의 준비 단계에 도입했다. 이 도구는 각 부서의 핵심 데이터를 사전에 분석하여 객관적 토론의 기반을 마련함으로써 감정적 대립을 줄이고 건설적인 논의를 촉진했다.

또한 모든 중간관리자와 임원 들을 위해 '컨버터블 코칭 Convertible Coaching' 프로그램을 개발했다. 이 프로그램은 리더십 진단 및 360도 피드백을 통해 자신의 리더십 스타일을 이해하게 하고, 질문, 경청, 피드백 기술 훈련이 포함되어 있다. 교육에서 그치지 않고 실제 업무 환경에서 새로운 리더십 스타일을 실험할 수 있게 하고, 정기적인 성찰 미팅을 통해 지속적인 발전을 액션 러닝 방식으로 도모했다.

▶결과: 18개월 후, 리더들은 더 많이 경청하고, 더 나은 질문을 던지며, 팀원들의 잠재력을 끌어내는 데 집중하게 되었다.

협업 문화 확산과 지속 가능성

정이경 사장이 P사에 입사하여 3년간 변화를 시도했던 과정은 많은 어려움이 상주하고 있었지만 분명히 가치 있는 시간이었다. 매출은 25퍼센트 증가했고, 직원 만족도는 두 배를 넘는 67퍼센트가 향상되었다. 지금도 변화된 시스템에서 만들어진 혁신적인 제품과 서비스가 P사의 파이프라인에 가득 차 있다. 무엇보다 중요한 점은 구성원들이 스스로 자신의 잠재력을 최대한 발휘할 수 있는 환경이 만들어졌다는 것이다.

이는 한 개인의 리더십 여정을 넘어서 한국 기업의 협업 문화가 어떻게 진화해야 하는지를 보여주는 중요한 사례다. 전통적인 위계 구조에서 벗어나 유연하고 역동적인 협업 시스템으로 전환하기란 결코 쉽지 않지만, 부서 간 장벽을 허물고 원활한 정보 흐름을 만들어 경쟁 우위를 확보하기 위해서는 피할 수 없는 요소다.

"변화는 위에서부터 시작되어야 합니다. 제가 먼저 기존의 관행에서 벗어난 새로운 리더십을 보여주었고, 중간관리자들이 이러한 변화를 체감하고 실천할 수 있도록 지속적으로 지원했습니다. 모든 구성원이 목적지는 같지만 각자의 경로와 속도로 기여할 수 있는 환경이 만들어질 때, 진정한 협업의 힘이 발휘됩니다.

변화는 하루아침에 일어나지 않습니다. 반드시 인내를 요구합니다. 작은 성공을 축하하고, 때로는 실패로부터 배우며, 무엇보다 구성원들이 여정의 일부가 되도록 해야 합니다. 그들이 변화의 주체가 될 때, 진정한 혁신이 시작됩니다."

CF팀의 조직 내 역할

—

현대 비즈니스 환경에서는 부서 간 협업을 넘어, 역동적이고 유연한 팀 구조를 통해 급변하는 시장 변화에 민첩하게 대응하는 조직이 경쟁 우위를 확보하고 있습니다. 특히 다양한 영역의 전문성을 융합한 CF팀은 이러한 조직 혁신의 핵심 동력으로 부상하고 있습니다.

CJ올리브영은 급변하는 뷰티 및 헬스케어 시장에서 빠르게 대응하기 위해 CF팀을 도입하였습니다. 이들은 상품기획, 마케팅, 영업, IT 등 다양한 부서의 전문가들로 구성된 팀을 운영하며, 새로운 제품 개발과 프로모션 전략을 수립하였습니다. 이러한 CF팀의 운영을 통해 신제품 출시 기간을 단축하고, 고객의 니즈에 빠르게 대응할 수 있었습니다. 최근 혁신적인 CF팀 구성에는 'AI 통합 담당자' 역할이 추가되고 있습니다. 이들은 각 전문 분야와 AI 기술의 접점을 이해하고, 팀 내 AI 도구 활용을 최적화하여 업무 효율성을 높이는 가교 역할을 수행합니다.

이러한 사례는 CF팀이 단순한 협업을 넘어, 조직의 혁신과 성과 향상에 어떻게 기여할 수 있는지를 보여줍니다. 다음 섹션에서는 CF팀의 정의와 구성 요소, 그리고 성공적인 운영을 위한 핵심 요소들을 자세히 살펴보겠습니다.

CF팀이란?

—

〈하버드 비즈니스 리뷰〉의 연구에 따르면, 효과적으로 운영되는 CF팀은 일반 팀보다 프로젝트 완료 시간을 35퍼센트 단축할 수 있습니다. 이러한 팀은 조직의 복잡한 문제를 해결하고 빠르게 변화하는 시장에 대응하는 데 효과적입니다.

CF팀의 정의

CF팀은 조직의 서로 다른 부서, 기능, 전문 분야에서 모인 구성원들이 공동의 목표를 위해 협력하는 다학제적 팀 구조입니다. 이는 부서 간 협업을 넘어, 각 구성원이 자신의 전문성을 발휘하면서도 다른 분야의 관점을 이해하고 통합하는 유기적인 팀 운영 방식입니다. 예를 들어 신제품 개발 프로젝트에서는 R&D, 마케팅, 생산, 재무, UX 디자인 전문가들이 하나의 팀으로 일하며, 각자의 전문성을 바탕으로 시너지를 창출합니다.

CF팀이 필요한 이유

CF팀은 명확한 프로젝트 목표를 공유하고 성과 지표를 함께 나눕니다. 또한 각 분야 전문가들이 모인 만큼 각자의 의견이 동등하게 존중됩니다. 따라서 상황과 필요에 따라 리더십 역할이 순환될 수 있습니다.

게다가 다양한 배경과 경험을 가진 구성원이 함께 일함으로써 창의적인 아이디어와 새로운 접근법이 등장합니다. 스포티파이에서 6~12명으로 구성되어 목적에 따라 자율적으로 프로젝트를 수행하는 '스쿼드Squad' 모델은 이러한 접근의 성공적인 사례입니다. 2023년 테슬라 역시 사이버트럭Cybertruck 개발 과정에서 엔지니어, 디자이너, 마케팅 전문가가 협력하여 혁신적이면서도 실용적인 차량을 탄생시켰습니다.

또한 각 부서 간의 소통 장벽을 허물어 의사결정 과정을 단축할 수 있습니다. 팀원들이 모두 먹는 데 피자 두 판 이상이 필요할 정도로 큰 팀은 필요하지 않다는 아마존의 '2-피자 팀' 원칙은 이러한 민첩성을 극대화한 예시입니다. 나아가 모든 팀원이 결과에 대해 공동으로 책임을 지기 때문에 몰입과 성과가 강화됩니다.

효과적인 CF팀 운영을 위한 핵심 요소

- **명확한 거버넌스**governance: 의사결정 체계와 책임 소재의 명확화
- **성과 측정**: 팀 단위의 통합된 성과 평가 지표 설정
- **의사소통 체계**: 주기적인 미팅과 정보 공유 플랫폼 활용
- **리소스 관리**: 각 구성원의 시간과 노력의 적절한 배분

이렇게 정의와 구성 요소를 명확히 함으로써, CF팀의 본질과 가치를 더 잘 이해할 수 있으며, 이는 성공적인 팀 운영을 위한 기초가 됩니다. 보다 구체적인 운영 방식을 예로 든다면, 개인과 팀 성과를 평가하는 데 있어서 40퍼센트는 팀 성과, 30퍼센트는 개인 성과, 30퍼센트는 협업 기여도로 구성하는 것이 바람직합니다. 이때 상사뿐 아니라 동료와 부서 간 협업 파트너를 포함하여 다면평가를 도입해야 보다 객관적인 평가 지표를 얻을 수 있습니다. 또한 일반적인 조직 구조에서 벗어나 있는 만큼 연 1회 평가 대신 분기별 피드백과 코칭 세션을 실시하여, CF팀의 방향을 조율하고 원래의 팀 결성 의도에 맞게 각자 전문성을 발휘할 수 있도록 도와야 합니다.

우리 조직의 CF팀에서 일어나는 일을 떠올려보세요. 정말 모든 전문가의 의견이 동등하게 존중받고 있나요? 리더십이 상황에 따라 자연스럽게 순환되고 있나요? 팀원들은 자신의 전문성을 충분히 발휘하면서도 다른 분야의 관점을 이해하고 있나요? 우리 조직의 CF팀이 목표한 성과를 내지 못한다면, 그 이유는 무엇일까요?

권한위임과 성과관리

—

권한위임은 단순히 업무를 맡기는 것을 넘어, 구성원들에게 책임과 자율성을 부여하는 리더십의 핵심 요소입니다. 그러나 실제로 권한 위임은 조직 내에서 많은 도전을 동반합니다. 권한을 위임하는 데 익숙하지 않은 리더는 자신의 통제력을 잃는 것처럼 느껴져 불안할 수 있습니다. 또한 일부 구성원들은 자신에게 주어진 새로운 권한을 부담스럽게 느끼거나 자신이 관심 없는 업무를 맡게 될까 봐 걱정하기도 합니다.

디지털 혁신 기업들은 AI 기반 성과 모니터링 시스템을 활용해 객관적인 데이터를 바탕으로 권한위임의 효과를 측정합니다. 이러한 시스템은 리더가 주관적 편향에서 벗어나 성과를 평가할 수 있게 돕고, 반복적인 의사결정은 AI에게 위임함으로써 리더가 창의적이고 전략적인 영역에 집중할 수 있는 환경을 조성합니다.

권한위임을 성공시키기 위해서는 다음과 같은 전략들을 사용할 수 있습니다. 첫 번째로 구성원이 해야 할 업무의 범위와 기대치를 분명하게 설정하는 일입니다. 각자 맡은 업무를 명확하게 정의해야 혼선이 빚어지지 않습니다. 두 번째는 구성원의 강점과 흥미를 미리 파악하여 이를 반영한 업무에 배치함으로써 동기부여를 유도하는 일입니다. 권한위임 이후에도 지속적으로 업무 진척 상황을 확인하고 개선점을 제시해야 합니다. 마지막으로 권한위임을 반영한 성과 관리 시스템이 필요합니다. 기존의 개별성과 평가에서 벗어나, 팀 단위 성과평가와 피드백 문화가 조직에 정착되어야 합니다.

성과평가는 대표부터 사원까지 모두 불만인 제도입니다. 완벽한 평가는 없으나 모두의 동의를 기반으로 계속 발전해나가자는 목적을 구성원들과 함께 공유하면 가장 큰 문제들이 줄어들게 됩니다.

코칭 커뮤니케이션을 통한 시너지 창출

—

"우리 팀의 성과가 저조한 이유를 알 것 같습니다. 제가 답을 제시하기보다 팀원들의 생각을 더 경청했어야 했네요."

글로벌 컨설팅 기업 액센츄어의 팀장은 코칭 리더십 워크숍 후 이렇게 고백했습니다. 팀워크와 협업의 성패는 리더의 소통 방식에 달려 있습니다.

세일즈포스는 2022년 '임파워드 리더십 Empowered Leadership' 프로그램을 통해 놀라운 변화를 이끌어냈습니다. 리더들이 코칭 커뮤니케이션을 실천한 결과, 팀 생산성이 35퍼센트 향상되었고 이직률은 28퍼센트 감소했습니다. 비즈니스 코칭 전문 기업 인코칭에서 2,500여 개 국내외 기업의 리더들에게 2003년부터 코칭 교육을 실시한 경험을 토대로 세 가지 핵심 원칙을 살펴보겠습니다.

첫째, 적극적 경청의 기술

단순히 듣는 것이 아니라, 구성원의 메시지 이면에 있는 감정과 니즈를 포착하는 것입니다. IBM의 '리스닝 세션Listening Session'은 분기별로 모든 계층의 직원들과 경영진이 만나 자유롭게 대화하는 프로그램으로, 진정한 경청의 문화를 만들어가고 있습니다.

둘째, 질문을 통한 사고 유도

질문은 자신의 문제에 대해 생각하게 만들고 스스로 해결 방법을 찾게 도와주어 문제 해결력을 높이는 데 도움이 됩니다. 에어비앤비의 '흥미로운 대화Curious conversation' 가이드라인은 "만약에What if"로 시작하는 질문을 통해 팀원들의 창의적 사고를 자극합니다. 예를 들어 "만약 모든 자원이 충분하다면, 이 문제를 어떻게 해결하고 싶나요?"와 같은 질문으로 가능성의 영역을 넓혀갑니다.

셋째, 발전적 피드백

피드백은 상대의 행동에 긍정적이고 미래지향적으로 반응함으로써 구체적인 동기를 부여하는 것입니다. 긍정적 피드백은 '칭찬'과 '인정'입니다. 발전적 피드백은 행동이 기대에 미치지 못할 때 문제가 되는 행동을 구체적으로 지적하고 개선방안을 제시하는 것입니다. 어도비는 '체크인Check-in'이라는 독특한 시스템을 운영합니다.

연간 평가 대신 수시로 이루어지는 1:1 대화에서 리더는 구체적이고 실행 가능한 피드백을 제공하며, 이는 즉각적인 개선으로 이어집니다. 이러한 코칭 커뮤니케이션이 가져오는 변화는 명확합니다.

- **심리적 안전감 증대**
  - 심리적 안전감이 높은 팀의 생산성이 평균 31퍼센트 높았습니다.
  - 실수를 두려워하지 않는 문화가 형성되어 혁신적인 아이디어 제안이 증가했습니다.

- **팀 몰입도와 만족도 향상**
  - 정기적인 코칭을 받는 직원의 몰입도는 그렇지 않은 직원보다 2.5배 높았습니다.
  - 자신의 성과가 조직의 목표와 연결되어 있다는 인식이 강화되었습니다.

- **팀 내 갈등의 생산적 해결**
  - IT 기업 시스코는 '브릿지 빌더Bridge Builder' 프로그램을 통해 갈등을 새로운 기회로 전환했습니다. 서로 다른 의견을 가진 팀원들이 정기적으로 만나 대화하는 자리를 만들었고, 이를 통해 부서 간 협업 프로젝트가 42퍼센트 증가했습니다.
  - 상호 이해와 존중을 바탕으로 한 대화는 혁신적 아이디어 도출로 이어졌습니다.

넷째, HRD 관점의 코칭 커뮤니케이션 발전 방안

변화는 정확한 진단에서 시작됩니다. 역량 개발이 필요한 경우에는 스킬 중심의 실습형 교육을, 조직 문화가 원인인 경우에는 전사적 변화 관리 프로그램으로 차별화된 접근 방식을 취해야 합니다.

디지털 시대의 코칭 커뮤니케이션은 조금 더 흥미롭습니다. 업무 협업툴 슬랙은 AI를 기반으로 커뮤니케이션 패턴을 분석하고, 실시간 피드백 시스템을 구축했으며, 짧은 시간 안에 핵심만 학습하는 마이크로러닝 Microlearning 을 통해 지속적으로 역량을 개발했습니다.

글로벌 조직들 역시 코칭 커뮤니케이션의 새로운 지평을 보여줍니다. 화웨이는 '시드 포 더 퓨처 Seed for the Future' 프로그램을 통해 하이브리드 근무 환경에서의 적응형 코칭 모델을 제시했습니다. 상황별로 맞춤형 코칭을 제공하여 실시간 피드백 채널을 형성하고 온·오프라인이 통합된 코칭 플랫폼을 구축했습니다.

글로벌 기업들이 조직 내 문제점을 정확히 진단하기 시작한 것은 단순한 교육 프로그램 개선이 아닌, 조직 문화의 근본적인 전환을 의미합니다. 리더는 답을 제시하는 사람이 아니라, 질문을 통해 구성원의 잠재력을 끌어내는 조력자가 되어야 합니다. 이것이 바로 현대 조직이 지향해야 할 리더십의 모습입니다.

이제 코칭 커뮤니케이션은 선택이 아닌 필수입니다. "리더는 태어나는 것이 아니라 성장하는 것"이라는 GE의 오래된 격언처럼, 우리도 끊임없는 소통과 학습을 통해 더 나은 미래를 만들어가야 합니다.

성공적인 변화의 핵심 요소

- **변화의 명확한 비전 설정:** "우리는 왜 변화해야 하는가"에 대한 설득력 있는 스토리 제시
- **단계적 접근:** 한 번에 모든 것을 바꾸려 하지 않고, 주요 영역에 집중하여 단계적으로 진행
- **성공 사례 확산:** 초기에 작은 성공 사례를 만들고 이를 조직 전체에 공유
- **지속적인 소통:** 변화의 필요성과 진행 상황에 대한 투명한 커뮤니케이션
- **인내와 끈기:** 문화적 변화는 시간이 필요하다는 인식과 장기적 관점 유지

모든 변화 과정에서 가장 큰 도전은 중간 침체기입니다. 초기의 높은 기대감이 사그라들고, 변화의 어려움만 남았을 때 많은 이들이 과거 방식으로 돌아가고 싶어 합니다. 이 시기를 극복하기 위해서는 지속적으로 소통하고 작은 성취의 축하에 집중해야 합니다.

현대의 스마트 트래픽 시스템이 AI 알고리즘을 통해 교통 흐름을 최적화하듯, 조직 내 협업 시스템도 AI 기반 협업 플랫폼을 통해 정

보와 의사결정의 흐름을 최적화할 수 있습니다. 이러한 시스템은 팀 간 소통의 병목을 식별하고, 중요한 의사결정에 필요한 정보를 적시에 제공하며, 협업 패턴을 분석하여 조직의 협업 효율성을 지속적으로 개선합니다.

당신의 조직은 지금 어떤 교통 시스템으로 운영되고 있나요? 정체된 도로처럼 부서 간 소통이 막혀 있지는 않나요? 아니면 스마트 트래픽 시스템처럼 정보와 아이디어가 자유롭게 흐르고 있나요? 협업의 전환은 바로 당신에게서 시작됩니다.

"효과적인 협업은 시스템이자 문화다 – 유연한 구조와 신뢰 기반 소통이 성과를 만든다."

전환 실천 포인트

1. 부서 간 협업을 위한 크로스펑셔널CF팀 운영을 체계적으로 운영한다.
2. 권한위임 매트릭스를 구축하고, 자율성을 기반으로 팀을 운영한다.
3. 협업 성과에 대한 통합적인 성과평가 체계를 수립한다.
4. 코칭 기반 커뮤니케이션을 리더십 핵심 역량으로 내재화한다.
5. AI 협업 도구를 활용해 정보 흐름을 가시화하고, 협업 장벽을 지속적으로 제거한다.

셀프 체크리스트		
전환 실천 포인트	체크 문항	√
1. CF팀 운영	부서 간 협업을 위해 정기적으로 CF팀을 운영하고 있다.	☐
	CF팀 운영 방식이 조직 내에서 명확하게 정립되어 있다.	☐
2. 권한위임 실행	팀원들에게 결정 권한을 위임하고 자율적으로 일하게 한다.	☐
	리더는 위임 후에도 적극적으로 지원하고 주기적인 피드백을 제공한다.	☐
3. 성과 평가 통합	협업 성과가 평가에 반영되고 있다.	☐
	팀 단위 및 개인 기여도를 함께 고려한 평가 기준이 있다.	☐
4. 코칭 커뮤니케이션	리더는 구성원에게 질문하고 경청하는 방식으로 대화한다.	☐
	구성원 간 피드백이 활발하고 발전적으로 이루어진다.	☐
5. 정보 흐름과 장벽 제거	부서 간 소통에 AI 기반 협업 도구나 정보 플랫폼을 활용한다.	☐
	협업을 방해하는 시스템이나 절차를 지속적으로 개선하고 있다.	☐

예 = 1점, 아니요 = 0점

점수	해석
9~10점	협업 문화와 AI 기반 시스템이 유기적으로 통합되어 조직 전체의 시너지가 크다.
6~8점	협업 인프라는 갖춰졌으나, 실행력과 평가 연계에서 아쉬움이 있다.
0~5점	협업은 구호에 그치고 있으며, 시스템과 문화 모두 개선이 시급하다.

요약 가이드

· **잘하고 있습니다**
- 협업 문화와 AI 기반 시스템이 유기적으로 통합되어 조직 전체의 시너지가 크다.
- 협업 인프라는 갖춰졌으나, 실행력과 평가 연계에서 아쉬움이 있다.
- 협업은 구호에 그치고 있으며, 시스템과 문화 모두 개선이 시급하다.

· **노력이 필요합니다**
- 협업은 선언적 수준이며, 실질적 실행 체계는 부족하다.
- 위임은 있으나, 그에 대한 리더의 지원과 피드백이 부족하다.
- 정보 흐름이 막혀 있고, 부서 간 장벽이 여전하다.

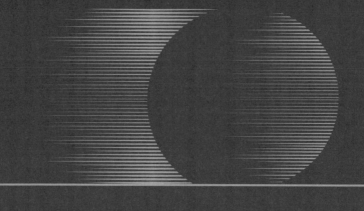

CHAPTER 12

새로운 규칙
New Rules

- AI 시대의 조직 문화 재정의

조직의 유연성과 안정성을 동시에 확보하는
하이브리드 운영 체계

**"우리에게 필요한 것은 남이 만든 규칙이 아니라,
우리만의 규칙이다."**

—

지금 당신의 조직은 어떤 차량과 같습니까? 움직임이 무거운 대형 버스처럼 안정적이지만 속도가 느린가요? 아니면 스포츠카처럼 민첩하지만 불안정한가요? 현대 비즈니스 환경에서는 둘 다 정답이 아닙니다. 우리에게 필요한 것은 상황에 따라 지붕을 열었다 닫았다 하며 환경에 즉각 대응할 수 있는 컨버터블 자동차와 같은 유연한 조직입니다.

AI 시대에는 기술과 인간의 역할이 끊임없이 재정의되고 있습니다. 이런 환경에서 조직은 AI를 효과적으로 통합하면서도 인간 중심의 가치를 지키는 고유한 규칙과 문화가 필요합니다. 이제 중요한 것은 남들이 정한 규칙을 따라가는 것이 아니라, 우리 조직에 맞는 고유한 문화와 규칙을 정립하는 것입니다. 트렌드를 무작정 따르기보다 조직의 개성과 구성원의 특징을 반영한, 우리만의 제도를 만들어 가야 할 때입니다.

패스트 팔로어에서
퍼스트 무버로
—

"미래를 따르지 말고 정의하라 Let's define the future, not follow it." 이 선언은 단순한 슬로건이 아닌, 새로운 시대에 필요한 조직의 근본적인 변화 방향을 제시합니다. 과거 패스트 팔로어 fast follower 전략으로 성공했던 많은 기업들이 이제는 퍼스트 무버 first mover로의 전환을 모색하고 있습니다. AI 기술 도입에 있어서도 마찬가지입니다. 단순히 경쟁사의 AI 전략을 모방하는 것이 아니라, 조직의 독특한 상황과 필요에 맞는 AI 활용 방식을 선제적으로 개발하는 것이 중요합니다.

퍼스트 무버로의 전환은 조직의 근본적인 변화를 요구합니다. 우선, 혁신 마인드셋을 구축해야 합니다. 다시 말해, 실패를 두려워하지 않고 새로운 시도를 장려하는 문화를 만들어야 합니다. 임직원들의 아이디어가 자유롭게 공유되고, 빠른 의사결정을 통해 실험적 프로젝트가 시도될 수 있는 환경이 중요합니다.

퍼스트 무버로서의 입지를 다지기 위해서는 시장의 변화를 예측하고 선제적으로 대응하는 능력이 필수적입니다. 고객의 잠재적 니즈를 발굴하고, 새로운 가치를 창출하기 위한 과감한 투자가 필요합니다.

자율 주행 조직을 위한 세 가지 핵심 요소

1. **신뢰:** 어디서 일하든 구성원을 신뢰하고, 결과로 책임지는 문화. 통제보다는 협업의 투명성과 결과 중심의 공유가 강조됨.
2. **책임:** 자율에는 반드시 책임이 따른다는 원칙. 성과를 시각화하고 기여도를 공정하게 평가하는 성과 관리 시스템이 필요함.
3. **소속감:** 일하는 방식과 위치를 초월한 연결감과 존중 문화. 다양성과 포용성을 바탕으로 구성원 모두가 '이곳에 속해 있다'고 느끼게 하는 구조 설계가 필요함.

"일은 더 많아졌지만, 지금이 더 만족스럽습니다."

—

김정선 프로(35세)는 A 카드사에서 일하다가 최근 업계에서 주목받는 C사로 이직해서 만족하며 회사생활을 하고 있다. 연봉은 이전의 1.5배 이상이지만, 업무 강도도 두 배가 되어 숫자로만 따질 순 없는 상황이다. 하지만 그가 진짜 만족하는 이유는 돈 때문이 아니다.

"이 정도 업무 강도라도 괜찮아요. 왜냐하면 여기에는 '놀고먹는 사람'이 없거든요."

이전 조직에서는 몇몇 프리라이더 때문에 스스로 동력을 잃곤 했다. 일잘러들의 에너지가 고연차, 고연봉, 저성과 구성원들의 무임승차로 오히려 소진되고, 일하고 싶은 사람들조차 지쳐갔다.

"진짜 문제는 그 사람들의 존재가 아니라, 그걸 방치하는 조직이에요. 무능보다 더 무서운 건 방관이더라고요."

C사의 특별한 점은 하이브리드 근무 환경에서도 성과 관리 시스템을 엄격하게 운영한다는 것이다. 원격으로 일하든 사무실에서 일하든, 모든 팀원의 성과는 투명하게 공유되고 평가된다. AI 기반 성과 추적 시스템을 활용하여 주간 디지털 대시보드에 각자의 성과가 시각화되어 표시되며, 월간 '성과 다이얼로그' 세션에서 팀 전체가 성과와 기여도를 논의한다.

"예전에는 눈에 보이는 출석과 야근이 평가의 주요 기준이었어요. 그러니 실제로 일을 안 해도 그럴듯하게 보이게 할 수만 있으면 됐죠. 하지만 지금은 결과물이 모든 것을 말해줍니다. 어디서 일하든, 언제 일하든 상관없어요. 중요한 건 약속한 결과를 내는 거죠."

특히 C사는 '기여 포인트' 시스템을 도입해 직원들의 다양한 형태의 기여를 인정하고 보상한다. 프로젝트 리더십, 문제 해결, 팀원 지원, 지식 공유, AI 도구 개발 및 활용 등 여러 영역에서 포인트를 획득할 수 있으며, 이는 보너스와 승진에 직접 반영된다.

"여기서는 일하는 방식은 유연해도, 성과에 대한 기대치는 매우 명확해요. 그리고 무엇보다 '함께 책임지는 문화'가 있습니다. 누군가 뒤처지면 팀이 함께 해결책을 찾아요. 하지만 반복적으로 성과가 없으면 냉정하게 피드백하고 필요하다면 팀원도 재구성됩니다."

김 프로는 지금 조직에서 협업의 진정한 가치를 다시 느끼고 있다. 협업이란 단지 함께 일하는 것이 아니라, 함께 책임지는 것이라는 사실을 말이다.

"문화는 리더에 의해 창조되고, 진화한다."

—

페덱스의 PSP 모델

사람People → 서비스Service → 이윤Profit으로 이어지는 PSP 모델을 바탕으로, 페덱스는 팬데믹 동안 임원 급여 삭감과 현장 직원 고용 유지를 통해 직원 충성도를 높였고, 이는 최고의 서비스 품질로 이어졌습니다. "사람이 먼저 People-First"라는 프레더릭 스미스Frederick Smith 회장의 철학은 "직원을 잘 대우하면, 그들은 고객을 잘 대우할 것이고, 이는 다시 회사의 이익으로 돌아온다"는 원칙이 실제 비즈니스 성과로 증명된 사례입니다. 이러한 정책은 직원들의 높은 충성도로 이어졌고, 결과적으로 2020년 이후 전자상거래 급증에 따른 배송량 폭증에도 안정적인 서비스 품질을 유지할 수 있었습니다. 이러한 페덱스의 리더십은 단기 성과를 위해 임직원의 희생을 강요하는 일부 기업들에 중요한 시사점을 제공해줍니다.

현대 조직에서 다양성 Diversity, 형평성 Equity, 포용성 Inclusion, 소속감 Belonging을 뜻하는 DEIB는 단순한 트렌드를 넘어 핵심 가치로 자리 잡고 있습니다. 채용 과정에서부터 편견을 제거하고, 다양한 배경의 인재들이 자신의 역량을 자유롭게 발휘할 수 있는 환경을 조성하는 것은 조직의 지속 가능한 성장을 위해 필수적입니다. 특히 AI가 인간의 편향을 학습하고 증폭시킬 가능성이 있는 시대에, DEIB 원칙에 기반한 조직 문화는 AI 활용의 윤리적 기반을 제공합니다.

러쉬코리아의 다양성과 포용성

러쉬코리아는 DEIB 가치를 조직 문화 전반에 일관되게 적용한 대표적 성공 사례입니다. "좋은 제품, 좋은 사람, 좋은 학습을 통해 좋은 회사를 만든다"는 고유 철학을 실천하며, 비즈니스 성과와 브랜드 충성도 모두에서 탁월한 결과를 이루어냈습니다. 실제로 러쉬코리아는 전 세계 52개국 러쉬 지사 중 매출 기준 3위, 파트너 국가 중 1위를 유지하고 있으며, 이 성과는 ATD APC Asia Pacific Conference에서 DEI 기반 조직 문화 우수 사례로 소개되었습니다.

서울대학교 이찬 교수 연구팀은 러쉬코리아와의 산학협력을 통해서 러쉬코리아 성공의 핵심요소를 'DEI, 윤리적 리더십, 동료 간 코칭'으로 분석했습니다. 행동과학 기반 리더십 진단 도구인 성공 진단 도구 데이터를 활용한 분석 결과, 러쉬코리아의 리더들은 고객과 환경을 위한 원칙을 지키며 이타적 동기와 윤리적 판단을 바탕으로 제품 품질을 높였습니다. 또한 변화의 혼란 속에서도 뛰어난 실행력을 통해 업무에 헌신하며 조직 성장을 견인했습니다.

문화를 실현하는 리더의 새로운 역할

조직의 핵심 가치는 경영진이나 담당부서에서 말로 외친다고 만들어지는 것이 아닙니다. 시스템으로 구조화되고, 행동으로 체화되며, 일상적인 언어로 공유되어야 진정한 조직의 문화로 자리 잡을 수 있습니다. 진짜 변화는 각 조직이 자신만의 문장으로 문화를 정의하고, 이를 구성원 모두가 공감하며 실천할 때 일어납니다.

역할	설명
정보 조력자	효과적인 도구를 활용해 구성원 간의 협업과 소통을 촉진하는 사람. AI 데이터 분석 결과를 팀에 쉽게 전달하고 이해시키는 역할도 포함.
지원 코치	과정과 결과에 초점을 맞추고, 팀원들이 목표를 스스로 달성하도록 지원함.
신뢰 설계자	투명한 정보공유, 공정한 피드백으로 신뢰를 구조화함. AI 의사결정 과정의 투명성을 확보하고 설명가능성을 높이는 역할.
소속감 디자이너	심리적 안전감, 포용적 환경, 정기적 팀 리추얼 등을 설계해 구성원 간 연결을 강화함.

- **일하는 방식 선언문:** 팀별로 '우리는 이렇게 일한다'를 정의하고 정기적으로 점검함으로써, 구성원 스스로 조직 문화의 주인이 됩니다.
- **마이크로 러닝&피드백 채널:** 짧고 빈번한 학습과 실시간 피드백을 통해 변화에 빠르게 적응하는 유연성을 확보합니다.
- **스토리 공유 문화:** 실패 사례나 작은 성공을 조직 전반에 공유함으로써, 문화는 문서가 아닌 '살아있는 이야기'로 확산됩니다.

조직 고유의 문화가 일상에 뿌리내리기 위해서는 단순한 선언을 넘어, 그 문화의 실행 과정을 함께 확인하고 점검하는 루틴이 필요합니다. 구성원들이 자주 만나 대화하며 공동의 목표와 가치를 확인하고, 조직 문화를 함께 만들어간다는 인식을 갖는 것이 중요합니다.

이러한 문화는 어디서나 복제할 수 있는 것이 아니라, 우리 조직만의 맥락과 희망을 담아 조율되어야 합니다. 조직 문화의 성공은 한쪽으로 치우친 결과가 아닌, 다양한 요소들 사이의 균형과 조화에서 비롯됩니다.

새로운 규칙을 받아들이고 실천하는 여정은 단기간에 완성되지 않습니다. 이는 지속적인 학습과 실험, 점진적 적응의 과정입니다. 하지만 한 걸음만 내딛어도, 우리 회사는 이미 변화의 여정을 시작한 것입니다.

조직은 컨버터블처럼 유연해야 하지만, 그 안의 철학과 핵심 가치는 단단해야 합니다. AI 시대에는 우리만의 문화를 명확히 정의하고 실행할 때, 변화는 시스템이 되고, 성과는 곧 문화가 됩니다.

"문화는 궁극적으로 리더에 의해 창조되고, 내면화되며, 진화하고, 조정된다."
– 에드가 샤인, 『조직 문화와 리더십』

"우리에게 필요한 것은 남이 만든 규칙이 아니라, 우리만의 규칙이다."

전환 실천 포인트

1. 조직의 특성과 구성원의 특징을 반영한 고유한 문화와 규칙을 정립한다.
2. 구성원에게 자율성을 부여하되, 명확한 책임 체계를 구축한다.
3. 성과를 시각화하고 기여도를 공정하게 평가하는 시스템을 마련하며 AI 기반 성과 측정 도구의 투명성을 확보한다.
4. 다양성과 포용성을 바탕으로 구성원 모두가 '이곳에 속해 있다'고 느끼게 하는 문화를 조성한다.
5. 리더는 정보 조력자, 지원 코치, 신뢰 설계자, 소속감 디자이너로서의 역할을 수행한다.

셀프 체크리스트		
전환 실천 포인트	**체크 문항**	**✓**
1. 조직 고유의 문화 정의	우리 조직은 고유한 문화와 규칙을 명확히 정의하고 있다.	☐
	구성원들이 이 문화와 규칙을 이해하고 실천하고 있다.	☐
2. 자율성과 책임의 균형	구성원에게 자율성이 부여되어 있으며, 그에 따른 책임 체계가 명확하다.	☐
	AI 기술 활용 과정에서도 자율성과 책임의 균형이 조직 전반에 잘 유지되고 있다.	☐
3. 성과 기반 평가 시스템 도입	성과를 시각화하고 기여도를 공정하게 평가하는 시스템이 운영되고 있다.	☐
	평가 결과가 보상 및 피드백에 효과적으로 반영되고 있다.	☐
4. 포용적 소속감 강화	다양성과 포용성을 존중하는 문화가 조직에 자리 잡고 있다.	☐
	구성원 모두가 조직에 소속감을 느끼고 있으며, 디지털 환경에서도 인간적 연결을 유지한다.	☐
5. 리더십 역할 재정의	리더는 정보 조력자, 지원 코치, 신뢰 설계자, 소속감 디자이너로서의 역할을 수행하고 있다.	☐
	리더십 역할이 조직 문화에 긍정적인 영향을 미치고 있다.	☐

예 = 1점, 아니요 = 0점

점수	해석
9~10점	AI 시대의 자율주행 조직 문화가 체계적으로 구축되어 있으며, 구성원들이 이를 잘 실천하고 있다.
6~8점	기본적인 체계는 마련되어 있으나, 실질적인 실행과 문화 정착에 추가적인 노력이 필요하다.
0~5점	자율주행 조직 문화의 구축이 미흡하며, 전반적인 재정비와 실행 계획이 요구된다.

요약 가이드

· **잘하고 있습니다**
- 조직 고유의 문화와 규칙이 명확히 정의되어 있고, AI 활용 원칙과 윤리적 가이드라인이 포함되어 있으며, 구성원들이 이를 실천하고 있다.
- 자율성과 책임의 균형이 잘 유지되며, 성과 기반 평가 시스템이 효과적으로 운영되고 있다.
- 포용적 소속감이 강화되어 구성원들이 조직에 대한 소속감을 느끼고 있으며, 리더십 역할이 조직 문화에 긍정적인 영향을 미치고 있다.

· **노력이 필요합니다**
- 조직의 문화와 규칙이 명확히 정의되지 않았거나, AI 활용에 대한 원칙이 부재하며, 구성원들이 이를 잘 이해하지 못하고 있다.
- 자율성과 책임의 균형이 부족하며, 성과 기반 평가 시스템의 운영이 미흡하다.
- 포용적 소속감이 약하고, 리더십 역할이 조직 문화에 긍정적인 영향을 미치지 못하고 있다.

CHAPTER 13

모니터링 시스템
Monitoring System
- 지속 가능한 성장

변화와 전통의 균형: 지속가능한 성장의 비밀

—

세계에서 가장 오랜 역사를 가진 기업들의 공통점은 무엇일까요? 725년에 설립되어 1,300년 가까이 명맥을 이어온 바이엔슈테판 양조장, 200년 가까운 역사를 자랑하는 파텍 필립 시계 제조사, 1,400년 넘게 운영되고 있는 일본의 곤고구미 건설회사까지, 이들이 수백 년, 심지어 천 년 이상 지속될 수 있었던 비결은 '변화하지 않는 가치'와 '끊임없는 변화'의 균형에 있습니다. 그들은 핵심 가치와 장인 정신은 굳건히 지키면서도, 시대의 변화에 맞춰 끊임없이 혁신해왔습니다.

짐 콜린스Jim Collins가 《좋은 기업을 넘어 위대한 기업으로》에서 밝혔듯이, 가장 유명한 CEO들은 개인적 카리스마보다 영속 가능한 조직 구축에 중점을 두었습니다. 더 중요한 것은, 장수 기업들이 기업의 비전과 철학을 바탕으로 구성원 각자의 고유한 재능과 특성을 존중하는 문화를 발전시켜 왔다는 점입니다. 획일적 기준을 강요하지 않고, 다양한 인재들이 각자의 방식으로 탁월함을 추구할 수 있게 하여 다양한 기술과 새로운 시도가 가능하게 했습니다. 이들의 성공 방정식은 명확합니다.

- 본질적 기업 가치 보존
- 다양한 인재 유형의 존중
- 장인 정신과 첨단 기술의 조화

현대 조직에서도 이 원칙은 여전히 유효합니다. 지속 가능한 성장을 위해서는 구성원 각자의 고유한 특성과 재능을 인정하고, 이를 조직의 목표와 조화롭게 연결하는 모니터링 시스템이 필요합니다.

한국의 현실: 획일적 모니터링의 한계

"제 임기는 고작 3년뿐입니다."

한국 대기업 임원들의 평균 임기는 불과 3년입니다. 이 짧은 기간 내에 가시적 성과를 창출해야 한다는 압박감은 조직의 장기적 건강보다 단기 실적에 집중하게 만듭니다.

이러한 임원 운영 시스템에서는 혁신을 위한 장기 R&D 투자나 조직 문화 개선보다 비용절감, 구조조정, KPI 조정, 단기 교육 프로그램과 같은 즉각적 효과를 기대할 수 있는 개입이 선호됩니다. 마치 3년 구간의 계주처럼, 임원들은 자신의 구간에서 최대한 빨리 달리는 데만 집중할 뿐, 전체 마라톤의 성공에는 관심을 두기 어렵습니다.

더 큰 문제는 새 리더가 부임할 때마다 비전과 가치를 재정의하고, 기존 구성원들의 역량 파악보다 외부에서 자신과 유사한 인물이나 새 인재 영입에 집중한다는 점입니다. 이런 방식은 조직의 연속성을 해치고 기존 직원들의 소속감과 몰입도를 크게 저하시킵니다.

실제로 오래 존속하는 기업들은 조직의 본질적 가치와 철학을 지키면서도, 기존 구성원들의 강점을 지속적으로 발굴하고 활용하는 데 뛰어납니다. 그들은 외부 인재 영입 전에 먼저 내부의 잠재력을 최대한 활용하는 방법을 모색합니다. 단기적 모니터링 시스템은 이러한 깊이 있는 인재 발굴과 육성을 방해합니다. 모든 구성원에게 동일한 잣대를 적용하면서 개개인의 다양한 특성과 니즈를 간과하는 경우가 많습니다. 하지만 모든 구성원이 같은 방식으로 동기부여 받고, 성장하고, 소통하지 않습니다. 일부는 도전적 프로젝트에서, 다른 이들은 안정적 환경에서 최고의 역량을 발휘합니다.

지속가능한 기업을 구축하기 위해서는 장기적 관점에서 조직의 비전을 수립하고, 10년 후를 내다보는 전략을 세우며, 그 여정에 함께할 구성원들의 다양한 개성과 재능을 존중하는 시스템이 필요합니다. 단기 성과와 장기 가치 사이의 균형, 그것이 조직의 지속 가능한 성장을 위한 첫 번째 열쇠입니다.

맞춤형 모니터링 혁명

—

실패의 신호: 예상치 못한 두 개의 사건

"그만두겠습니다."

글로벌 기업 D사의 인사팀 최현민 부장(52세)은 마케팅팀 김민주 사원의 사직서를 들고 당혹감을 감추지 못했다. 객관적 성과 지표상으로 김 사원은 최고 등급(S)을 받았던 인재였기 때문이다.

"왜 그만두려는 건가요? 성과도 좋고, 승진 가능성도 높은데…."

김 사원의 대답은 최 부장에게 충격을 주었다.

"저는 현재 업무에서 제 능력의 50퍼센트도 활용하지 못하고 있어요. 입사 시험에서 요구했던 역량과 실제 업무에서 필요한 역량 사이에 큰 괴리가 있습니다. 매일 단순 반복적인, 완전히 예측 가능한 업무만 하고 있어요. 제 창의성과 통찰력을 발휘할 기회가 전혀 없습니다."

같은 날 오후, 최 부장의 책상에는 또 다른 편지가 도착했다. 해외영업팀의 박민철 과장이 갑작스럽게 입원했다는 소식이었다. 진단명은 '번아웃증후군'이었다.

병원에 방문한 최 부장에게 박 과장은 고백했다.

"아침에 눈을 뜨면 회사에 가기 싫다는 생각부터 듭니다. 위에서 오는 압박과 팀원들의 기대 사이에서 매일이 줄타기 같아요. 임원들은 '왜 과정이 이렇게 되었는지' 끊임없이 물어보고, 팀원들은 '결과는 언제 나오냐'고 재촉합니다. 양쪽 모두를 만족시키는 건 불가능해요."

최 부장은 이 두 사건이 단순한 우연이 아니라는 직감이 들었다. 탁월한 성과를 내는 여성 인재가 사직서를 내고, 중간관리자가 번아웃으로 쓰러진 것은 전체 조직 시스템의 어딘가에 심각한 결함이 있다는 신호였다.

모니터링의 사각지대
: 보이지 않는 진실

—

최 부장은 전사 조직 진단을 실시했고, 충격적인 패턴을 발견했다. 업무 성과와 직무 몰입도 사이에 뚜렷한 불일치가 나타난 것이다. 특히 두 그룹이 위험 영역에 있었다.

1. 고성과-저몰입 그룹 over qualified 인재

- 대부분이 명문대 출신, 우수한 외국어 능력, 다양한 자격증 보유
- 객관적 성과 평가는 A급이지만, 직무 만족도와 몰입도는 D등급

- 평균 이직 준비율: 73퍼센트

2. 고압박-고소진 그룹

- 대부분이 5~10년 경력의 과장급 인재들
- 위에서는 과정을, 아래에서는 결과를 동시에 요구받는 이중고
- 번아웃 위험도: 일반 사원 대비 3.7배 높음
- 평균 수면 시간: 4.3시간

기존의 성과 모니터링 시스템은 이 두 그룹의 위기 신호를 전혀 포착하지 못했다. 성과 평가표에는 김 사원의 A+, 박 과장의 B+만 표시될 뿐, 그들의 내적 상태나 잠재적 이탈 위험은 어디에도 기록되지 않았다.

최 부장은 깨달았다. "우리는 조직의 핵심 자원이 새어나가는 것을 보지 못했어요. 마치 겉으로는 멀쩡해 보이는 배가 밑바닥에서 물이 새고 있는데, 우리는 갑판 위만 살피고 있었던 거죠."

원인 분석
: 인재 유형과 업무 환경의 불일치

—

최 부장은 이 문제의 근본 원인을 찾기 위해 구성원들의 성격 유형과 강점,

동기부여 요소를 분석하는 12DNA 진단을 도입했다. 12가지 유형별 핵심 특성과 동기부여 방법을 확인한 것이다. 결과는 충격적이었다.

D사의 12DNA 성격유형 비교표		
직원	기회형/결과형(32퍼센트)	목표 중심, 성과 민감
	이타형/사교형(25퍼센트)	관계 중심, 피드백 민감
임원	과정형/책임형(과반수)	절차, 구조 중시

"이건 마치 서로 다른 행성에서 온 사람들이 각기 다른 외계어를 쓰며 협업하자는 상황이었어요."

최 부장의 분석에 따르면, 실행 중심의 구성원들은 속도와 도전을 중시하는데, 리더들은 계획과 절차를 강조했다. 감성 중심 팀에게는 데이터 위주의 피드백이 오히려 동기를 꺾기도 했다. 더욱이 통합형과 통찰형 유형이 부족해 조직의 장기적 방향성에 대한 공감대가 약했다.

특히 고성과-저몰입 인재들의 경우, 대부분이 창의형/통찰형/통합형 유형이었는데, 이들에게 주어진 업무는 반복적이고 과정 중심적인 것들이었다. 중간관리자들의 경우, 대부분 책임형/결과형 유형으로, 위에서는 과정을, 아래에서는 결과를 요구받는 이중고에 시달리고 있었다.

"우리 모니터링 시스템은 모든 구성원을 같은 잣대로 평가하고 있었어요.

그러다 보니 적재적소에 인재를 배치하지 못했고, 그들의 강점을 살리지 못했습니다. 특히 고성과–저몰입 인재들의 경우, 채용 과정에서는 창의성과 혁신성을 높게 평가했으면서도, 실제 업무에서는 그런 역량을 발휘할 기회를 주지 않았죠."

혁신적 해결책
: 맞춤형 모니터링 시스템
—

최 부장은 과감한 변화를 시도했다. 구성원들의 성격 유형과 강점을 기반으로 각자에게 맞는 맞춤형 모니터링 시스템을 설계한 것이다.

1단계: 기초 다지기 – 진실을 마주하다

흰 종이가 가득한 회의실 벽에 다양한 직급과 부서의 직원들이 모여 메모지를 붙이며 활발히 토론하고 있다.

"우리는 먼저 현실을 직시해야 했어요. 모든 구성원이 진솔하게 자신의 경험을 나누는 '진실의 순간'을 만들었습니다."

- 직무 만족도, 역량 활용도, 번아웃 위험 등을 포괄적으로 측정하는 '통합 조직 진단'
- 익명 피드백 시스템, 정기적 타운홀 미팅 등 다양한 소통 채널 구축

• 리더와 구성원이 함께 참여하는 워크숍을 통해 새로운 가치체계 수립

2단계: 혁신 가속화 – 인재의 재발견

마케팅팀의 김 사원은 이제 매주 화요일 창의성을 위한 '크리에이티브 데이'를 갖는다. 이날은 오직 혁신적인 마케팅 전략을 구상하는 데 집중할 수 있다. 해외영업팀의 박 과장에게는 명확한 권한위임과 의사결정 범위가 주어졌다.

"우리는 각 구성원의 강점과 업무 스타일에 맞는 맞춤형 직무를 설계했어요. 창의적인 사고가 강점인 인재에게는 혁신적 사고를 발휘할 기회를, 분석적 사고가 강점인 인재에게는 깊이 있는 탐구를 할 수 있는 환경을, 결과 지향적 인재에게는 명확한 목표와 자율성을 제공했습니다."

• 다양한 직급과 부서의 구성원들이 참여하는 '인재 위원회' 구성

• 특정 부서에서 '역량 기반 직무 재설계' 프로젝트 시범 운영

• 시범 운영 과정에서 얻은 교훈을 전사적으로 공유하는 '러닝 페스티벌' 개최

3단계: 미래 경쟁력 확보 – 지속 가능한 성과의 생태계

2년 후, D사의 모습은 완전히 달라져 있었다. 1년에 두 번, 모든 구성원은 자신의 강점과 성장 영역에 맞는 개인화된 성장 계획을 수립하고, 리더와 함께 이를 실현하기 위한 최적의 환경을 설계한다.

"우리는 이제 성과와 웰빙을 별개의 것으로 보지 않습니다. 둘은 하나의 동전의 양면과 같아요. 진정한 성과는 구성원이 자신의 고유한 재능을 온전히 발휘할 때 나옵니다."

- 전 부서에 '맞춤형 직무 설계' 시스템 도입
- AI 기반 데이터 분석을 통해 정기적인 역량 진단, 직무 만족도 측정, 웰빙 체크를 통합한 '지속 가능 성과 시스템' 구축
- '인재 중심, 성장 지향' 문화를 조직의 핵심 가치로 설정

결과는 놀라웠다.

- 핵심 인재 이직률: 47퍼센트 감소
- 중간관리자 번아웃 지수: 38퍼센트 개선
- 구성원 역량 활용도: 35퍼센트 향상
- 혁신 제안 건수: 연간 40퍼센트 증가
- 조직 몰입도: 27퍼센트 향상

그리고 가장 놀라운 변화로, 사직서를 냈던 김 사원은 이제 D사의 디지털 마케팅 혁신 프로젝트를 이끄는 핵심 인재가 되었고, 번아웃으로 입원했던 박 과장은 회복 후 중간관리자 멘토링 프로그램의 리더가 되었다.

D사의 최고인사책임자CHRO는 이렇게 설명한다.

"우리는 성과를 단순히 달성해야 할 목표가 아닌, 구성원들의 성장과 조

직의 발전이 만나는 교차점으로 인식했습니다. 성과 창출의 핵심은 결국 사람입니다. 그들이 온전히 역량을 발휘할 수 있는 환경을 만드는 것이 우리의 가장 중요한 과제였습니다. 성과는 숫자가 아니라, 사람과 조직이 함께 성장하는 지점에서 자연스럽게 발생하는 결과입니다."

성과 창출을 이끄는 조직 문화
—

진정한 성과는 수치적인 목표 달성을 넘어, 조직 전체가 공유하는 가치와 문화에서 비롯됩니다. 지속적으로 성과를 이끌어내는 조직은 다음과 같은 세 가지 핵심 요소를 갖추고 있습니다.

1. 조직 학습: 성과 창출의 첫 번째 열쇠

- 개인과 팀의 지식이 조직 전체로 확산되는 체계 구축

- 실패로부터 배우는 열린 문화 조성

- 암묵지와 형식지의 효과적인 전환 및 공유

2. 조직 성과: 몰입을 통한 성과 창출

- 개인의 역량이 팀 시너지로 확장되는 매커니즘

- 다양한 배경과 전문성이 충돌하지 않고 조화를 이루는 시스템

- 성과에 대한 공정한 평가와 보상 체계

3. 조직 변화: 지속가능한 성과 창출의 엔진
- 조직의 전통적 가치와 혁신 사이의 균형 유지
- 외부 환경 변화를 내부 성장 동력으로 전환하는 역량
- 변화를 일상화하여 지속적 혁신 추구

조직의 전통적 가치와 혁신 사이의 균형 유지는 지속가능한 성장의 핵심입니다. 전략적 인적자원개발SHRD, Strategic Human Resource Development을 채택한 기업들, 특히 혁신적 전략을 추구하는 기업들은 기술 혁신과 경쟁 우위를 유지하려는 노력 속에서 기존의 고유 역량과 새로운 역량을 동시에 개발하여 균형을 맞추고 있습니다.

또한 외부 환경 변화를 내부 성장 동력으로 전환하는 역량도 중요합니다. 기업들은 SHRD를 통해 외부 환경 변화에 대응하는 전략적 역량을 내부에서 강화하고 있습니다. 특히 기술 변화에 대응하기 위해 기업들은 고급 인재를 외부에서 확보하거나 기존 인재의 역량을 강화하는 활동을 중시합니다.

변화를 일상화하여 지속적 혁신을 추구하는 것도 필수적입니다. SHRD는 조직 내에서 변화를 지속적으로 추진하며, 학습과 혁신을 조직의 핵심 전략 역량으로 간주합니다. HRD 활동은 조직의 목표

와 전략에 부합하도록 설계되며, 학습 조직 문화를 형성하여 직원들이 지속적으로 변화에 대응할 수 있도록 돕습니다.

"진정한 모니터링 시스템은 숫자가 아니라 사람을 추적하는 시스템이어야 합니다. 그리고 그것이 지속 가능한 변화를 이끄는 핵심 열쇠입니다."

맞춤형 소통의 힘
: 개인 유형별 동기부여와 모니터링
—

효과적인 모니터링 시스템은 단지 데이터를 수집하는 것이 아니라, 그 데이터를 각 구성원이 이해하고 행동으로 옮길 수 있는 방식으로 전달하는 것을 포함합니다. 12DNA와 같은 성격 유형 분석 도구를 활용하면, 다양한 인재 유형별로 최적화된 동기부여 전략과 소통 방식을 개발할 수 있습니다. 특히 성격 유형별 특성과 동기부여 요소를 이해하는 것은 맞춤형 모니터링의 핵심입니다. 앞의 표는 각 유형별 핵심 특성과 리더가 주목해야 할 모니터링 포인트를 보여줍니다.

모니터링 시스템 혁신의 핵심 원칙

• 개인화된 지표 설계

12DNA 모니터링 시스템: 인재 유형별 접근법

유형	핵심 특성	동기부여 전략	모니터링 포인트
기회형	기회를 찾아 수익을 창출하고 강한 의지로 도전과 위험에 맞서는 사람	• 도전 과제 • 성과 인센티브	자율성 보장 Vs. 폭주 방지
이타형	타인의 복지를 최우선으로 생각하며 진심 어린 관심을 베푸는 사람	• 공동체적 가치 • 사회적 기여 강조	• 감정 소진 • 역할 과중 체크
과정형	규칙과 절차를 준수하며 공동 이익을 위해 노력하는 사람	명확한 절차와 계획	절차 준수 과도 여부
결과형	목표 달성을 위해 신속하게 집중하고 효율적인 방법을 모색하는 사람	빠른 성과 피드백	단기 성과 중심 시야 경계
통찰형	깊은 성찰과 지혜로 세상을 개선하고 자기 인식을 높이는 사람	깊이 있는 탐구 기회	고립감 예방
사교형	대인관계에 능숙하고 소통을 즐기며 활기차게 사람들과 어울리는 사람	• 팀 내 인정 • 소통 기회	집중력 분산 가능성
분석형	다양한 정보를 다각도로 분석하며 원리를 이해하는 사람	데이터 기반 과제	인간관계 이슈 모니터링
통합형	열린 마음으로 변화에 적응하고 직관적으로 사람들을 이끄는 사람	• 큰 그림 제시 • 자율적 리더십	현실 대응 속도 확인
책임형	자기 의무를 책임감 있게 받아들이고 매사에 최선을 다하는 사람	신뢰 기반 책임 부여	과로와 번아웃 경계
개인형	개인의 권리와 자율성을 중요시하며 독립적인 사고와 행동을 하는 사람	자유와 선택권 부여	조직 연계도 점검
예술형	풍부한 상상력으로 독창적이고 예술적인 표현을 추구하는 창의적인 사람	창의성 표현 기회	방향성 부재 방지
발명형	창의적 아이디어를 실용적으로 발전시켜 효용 가치를 창출하는 사람	프로토타입 기회, 실험 허용	실패 수용 문화 필요

[출처: 래리 캐시, 카를로스 다비도비치, 《12가지 성격 DNA》, 인코칭]

- 단일 지표가 아닌, 각 구성원의 성격 유형과 강점에 맞는 다차원적 성과 지표 개발
- 객관적 성과와 주관적 몰입도를 동시에 측정하는 통합적 접근

- **성장 중심의 피드백 체계**
  - 지속적이고 즉각적인 가능성 기반의 코칭 피드백 제공
  - AI 도구를 활용한 피드백과 리더의 심층적 코칭 세션의 균형

- **자율성과 책임의 균형**
  - 구성원들에게 자신의 성장과 성과에 대한 주도권 부여
  - 명확한 책임 영역과 권한 설정으로 자기주도적 성과 관리 유도

- **유연한 조직 구조 설계**
  - 다양한 성격 유형이 조화롭게 협업할 수 있는 팀 구성
  - 프로젝트별, 상황별로 유연하게 변화하는 역할과 책임 체계

이러한 원칙들은 단기적 성과 추구와 장기적 조직 성장 사이의 건강한 균형을 유지하는 데 필수적입니다. 지속 가능한 성과 창출은 결국 조직의 다양한 인재들이 각자의 고유한 방식으로 최고의 역량을 발휘할 수 있는 환경을 조성하는 데서 시작됩니다.

리더의 역할: 다양성의 지휘자

—

"우리는 다양한 악기로 구성된 오케스트라를 지휘하고 있는 것입니다. 모든 악기에게 바이올린 악보를 주고 같은 소리를 내라고 요구할 수는 없습니다."

오늘날의 리더는 다양한 인재들의 고유한 가치를 인정하고 그들이 최고의 성과를 낼 수 있는 환경을 조성해야 합니다. 오래된 기업들의 지혜처럼, 핵심 가치는 지키면서도 각 구성원의 고유한 능력을 최대한 활용할 수 있는 유연하고 개인화된 시스템을 구축해야 합니다.

이러한 접근법은 '변화와 전통의 균형'이라는 오랜 지혜와도 맞닿아 있습니다. 지속 가능한 성과 창출을 위해서는 혁신과 전통, 단기와 장기, 개인과 조직의 균형이 필수적입니다.

리더십 혁신 로드맵: 성공적 조직 변화를 위한 전략

조직을 변화시키는 여정은 누구에게나 쉽지 않은 도전입니다. 하지만 변화는 선택이 아닌 필수가 된 시대, 그 성공을 좌우하는 열쇠는 바로 체계적이고 단계적인 로드맵에 있습니다.

변화 성공 가능성				
리더 주도 (하향식 접근)		Vs.	리더&구성원 주도 (오픈소스 접근)	
3퍼센트	리더가 변화 전략을 수립함		리더와 구성원이 함께 변화 전략을 수립함	10퍼센트
-1퍼센트	리더가 실행 계획을 수립함		리더와 구성원이 실행 계획을 수립함	11퍼센트
3퍼센트	하향식 소통에 초점을 둠		양방향 소통에 초점을 둠	8퍼센트

조직 변화는 리더와 구성원이 신뢰와 공감을 바탕으로 한 소통에서 시작된다.

전통적인 하향식 접근은 리더가 변화를 단독으로 이끌며 주도권을 행사하는 방식입니다. 하지만 그 효과는 제한적일 수밖에 없습니다.

• 변화 전략 수립: 성공률 3퍼센트

• 실행 계획 수립: 성공률 -1퍼센트

• 소통 방식: 일방적인 하향식 소통, 제한적 효과

반면, 리더와 구성원이 함께 전략을 수립하고, 양방향 소통을 활성화하는 협력적 접근 방식은 훨씬 더 높은 성공률을 보입니다. 이러한 차이는 협력적 소통과 구성원의 주도적 역할이 조직 변화를 이끄는 데 얼마나 중요한지를 잘 보여줍니다.

• 공동의 변화 전략 수립: 10퍼센트 성공률

- 구성원의 실행 계획 참여: 11퍼센트 성공률
- 소통 방식: 양방향 소통 활성화(8퍼센트 효과)

전환 여정의 종착점이자 새로운 시작점

"우리는 성격을 모니터링하지 않습니다. 우리는 가능성을 추적합니다. 그리고 그 가능성이 성과로 이어지도록 환경을 조성합니다."

컨버터블 리더십 여정은 단순히 변화를 관리하는 데서 끝나지 않습니다. 그것은 변화를 통해 지속 가능한 성과 창출로 나아가는 여정입니다. 성과 창출은 단순한 숫자의 달성이 아닌, 조직과 구성원 모두가 자신의 잠재력을 최대한 발휘하여 의미 있는 가치를 창출하는 상태입니다.

마치 다양한 열쇠가 각자의 자물쇠를 여는 것처럼, 조직 내 다양한 인재들이 각자의 방식으로 성과를 창출할 수 있도록 지원하는 것이 컨버터블 리더의 역할입니다. 이것이 바로 전환의 시대에 조직과 리더가 추구해야 할 궁극적인 목표입니다.

우리의 조직은 어떤 선택을 할 것인가?

오늘날 우리는 전환의 시대를 살고 있습니다. 산업 구조와 기술 환경이 급변하는 이 시대에, 조직의 지속 가능한 성장을 위한 가장 확실한 방법은 전통적 강점을 살리면서 시대가 요구하는 변화와의 균형을 유지하는 것입니다. 장수기업의 역사가 가르쳐주듯, 핵심 가치는 지키면서도 시대에 맞게 끊임없이 혁신하는 기업만이 수백 년을 이어갈 수 있습니다. 모니터링 시스템도 마찬가지입니다. 모든 구성원에게 동일한 잣대를 적용하는 획일적 모니터링에서 벗어나, 각자의 고유한 특성과 강점을 존중하는 맞춤형 모니터링으로 전환해야 할 때입니다.

오늘 우리의 조직은 어떤 시스템으로 구성원을 바라보고 있습니까? 성과 중심의 숫자입니까, 아니면 성과 창출을 위한 잠재력의 열쇠입니까? 컨버터블 리더십의 여정이 시작된 지금, 우리의 선택이 조직의 미래를 결정할 것입니다.

"진정한 모니터링 시스템은 숫자가 아니라 사람을 추적하는 시스템이다"

전환 실천 포인트
1. 획일적 기준에서 벗어난 맞춤형 성과 진단 체계 수립
2. 성과보다 몰입도와 번아웃을 우선 감지하는 시스템 설계
3. 조직 내 다양성을 고려한 성향 기반 모니터링 도입
4. 정기적인 강점 진단과 직무 재설계 실행
5. 성과와 웰빙을 통합하는 지속 가능한 리더십 운영

셀프 체크리스트		
전환 실천 포인트	체크 문항	✓
1. 맞춤형 성과 진단 체계	우리 조직은 구성원 개개인의 성향과 강점을 반영한 성과 진단을 실행한다.	☐
	동일한 KPI가 아닌, 역할과 인재 유형별로 차별화된 지표를 활용한다.	☐
2. 몰입도/번아웃 모니터링	직무 몰입도와 번아웃 위험을 주기적으로 측정한다.	☐
	번아웃 조짐을 조기에 발견하고 예방할 수 있는 제도와 시스템이 있다.	☐
3. 성향 기반 모니터링	인재 유형에 따라 피드백 방식이나 동기 자극 전략을 다르게 적용한다.	☐
	리더는 각 유형별 특성을 이해하고 실천한다.	☐
4. 강점 진단과 재설계	구성원의 강점을 정기적으로 진단하고 이를 반영해 업무 재배치를 시도한다.	☐
	직무는 구성원의 성향과 역량을 극대화할 수 있도록 설계되어 있다.	☐
5. 성과·웰빙 통합 운영	성과뿐 아니라 구성원의 웰빙도 경영 지표로 관리된다.	☐
	심리적 안전과 일의 의미를 성과 창출의 요소로 본다.	☐

예 = 1점, 아니요 = 0점

점수	해석
9~10점	모니터링 시스템이 사람 중심으로 설계되어 있으며, 구성원의 몰입과 성장 가능성을 효과적으로 추적하고 있다.
6~8점	방향은 맞지만, 시스템 설계 및 실행력 면에서 보완이 필요하다. 맞춤형 접근을 강화하자.
0~5점	전통적인 KPI 위주의 시스템에 머물러 있다. 구성원 중심의 전환적 모니터링 체계가 시급하다.

요약 가이드

· 잘하고 있습니다

- 구성원의 성향과 강점에 기반한 성과 지표를 운영하고 있으며, 몰입도와 번아웃을 함께 진단한다.
- 맞춤형 직무 재설계를 통해 과잉자격·소외 인재의 성장을 유도하고, 성과와 웰빙의 통합적 균형을 이룬다.
- 리더는 구성원 유형에 따라 피드백 방식과 동기 전략을 조정하며, 다양한 인재가 협업할 수 있도록 유연한 문화를 조성한다.

· 노력이 필요합니다

- 성과 평가가 여전히 획일적인 수치 중심으로 이뤄지고 있으며, 몰입도·이직 위험·소진 상태를 놓치고 있다.
- 강점 기반 재배치보다는 외부 영입에 의존하고 있으며, 기존 구성원의 재능을 충분히 발굴하지 못하고 있습니다.
- 리더십과 조직 시스템이 구성원의 다양성과 지속 가능성에 기반하지 않아, 성과는 일시적이고 유지가 어렵다.

연구의 현장화를 통해
AI 시대 리더십을 제시하다

—

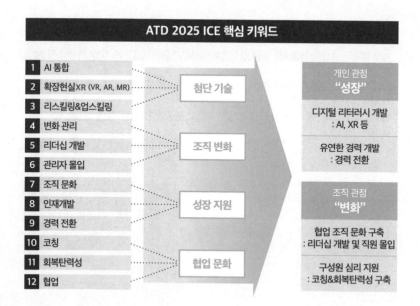

228

이 책은 세계 최대 인재육성 컨퍼런스인 ATD ICE Association for Talent Development International Conference&Expo에서 시작되었습니다. 한 사람은 국내외 기업 인사팀 경력을 쌓고 대학에서 산업인력개발학을 연구하는 교수로, 다른 한 사람은 현장에서 리더들을 코칭하며 학문적 탐구를 병행하는 전문가로, 각자의 자리에서 고민하던 두 사람이 만났습니다.

"코칭이 필요하다고 하지만 조직적으로 확산시켜 적용하는 것은 왜 그렇게 어려워할까요?"

"급변하는 AI시대에 개인과 조직에 필요한 생존전략은 무엇일까요?"

"더 좋은 리더십 개발을 위해 이론과 현장의 지혜를 공유하면 어떨까요?"

처음에는 작은 대화로 시작된 이야기가 점차 깊어졌습니다. 그리고 연구관점에서 바라본 인재육성의 방향성과 실무현장에서 체감하는 리더들의 고민이 만나 '전환Convert'이라는 솔루션을 발견했습니다.

변화는 끝이 아니라
새로운 출발
—

끊임없는 전환의 시대에서 지속 가능한 변화 구축하기

리더십과 팔로어십의 유연한 전환을 통한 조직 혁신

AI로 인해 조직이 수시로 전환해야 하는 시대에 우리는 살고 있습니다. AI가 가져온 변화의 물결 속에서 신속한 전환이 필요합니다. 오늘날의 조직 환경은, 날씨에 따라서 지붕을 열었다 닫았다 하는 컨버터블 자동차처럼 유연성과 민첩성을 요구합니다. 이런 환경에서 성공하는 리더는 자신을 끊임없이 업데이트하고, 상황에 맞게 리더십 스타일을 전환하며, 다양한 구성원들의 협업을 이끌어낼 수 있는 사람입니다. 우리는 단순한 관리자가 아닌, AI 시대의 리더십 디자이너이기 때문입니다.

이 책은 독자와 함께 그려가는 새로운 버전의 리더십의 지도입니다. 진정한 변화는 일시적인 이벤트가 아니라 자기 인식을 바탕으로, 끊임없이 배우고 변화를 수용하며, 유연하게 적응하는 여정입니다.

마치 컨버터블 자동차가 열린 하늘을 향해 달리듯, 당신의 리더십도 무한한 가능성을 향해 나아가길 바랍니다. 때로는 강한 바람이 불고, 때로는 폭우가 내릴지라도, 상황에 맞게 지붕을 열고 닫으며 자유롭게 달리는 여정이 되기를, 우리의 작은 나침반이 당신의 신나는 여정에 도움이 되길 진심으로 소망합니다.

이찬(서울대학교 산업인력개발학과 교수),

김재은(인코칭 대표) 드림

컨버터블 리더십

2025년 6월 11일 초판 1쇄 발행

지은이 이찬, 김재은
펴낸이 이원주

책임편집 박인애 **표지디자인** 진미나 **본문디자인** 윤민지
기획개발실 강소라, 김유경, 강동욱, 류지혜, 고정용, 최연서, 이채은
마케팅실 양근모, 권금숙, 양봉호 **온라인홍보팀** 신하은, 현나래, 최혜빈
디자인실 정은예 **디지털콘텐츠팀** 최은정 **해외기획팀** 우정민, 배혜림, 정혜인
경영지원실 강신우, 김현우, 이윤재 **제작실** 이진영
펴낸곳 (주)쌤앤파커스 **출판신고** 2006년 9월 25일 제406-2006-000210호
주소 서울시 마포구 월드컵북로 396 누리꿈스퀘어 비즈니스타워 18층
전화 02-6712-9800 **팩스** 02-6712-9810 **이메일** info@smpk.kr

© 이찬, 김재은(저작권자와 맺은 특약에 따라 검인을 생략합니다)
ISBN 979-11-94755-29-6 (03320)

쌤앤파커스(Sam&Parkers)는 독자 여러분의 책에 관한 아이디어와 원고 투고를 설레는 마음으로 기다리고 있습니다. 책으로 엮기를 원하는 아이디어가 있으신 분은 이메일 book@smpk.kr로 간단한 개요와 취지, 연락처 등을 보내주세요. 머뭇거리지 말고 문을 두드리세요. 길이 열립니다.